Consejos prácticos para prosperar

Perspectivas positivas
para ayudarte a
aprender y
a crecer

Robert A. Rohm, Ph.D.

Prólogo por Billy Florence

Tomo III

Consejos prácticos para prosperar - Tomo 3

por Robert A. Rohm Ph.D.

Traducido de la obra original: A Tip in the Right Direction - Volume 3

por Elbio Carballo

ISBN: 978-1-937094-59-1

Una publicación de:

Editorial Renuevo

www.EditorialRenuevo.com

info@EditorialRenuevo.com

Índice

Dedicatoria

Este libro está dedicado con mucho cariño a mis cuatro hijas: Rachael Rohm Gelinas, Esther Rohm Thompson, Elizabeth Rohm Carroll y Susanna Faith Rohm. Estas cuatro mujeres preciosas han hecho más para influenciar y forjar el rumbo de mi vida que cualquier otra gente de este mundo. Casi todo lo bueno que realmente conozco y entiendo en lo más profundo de mi corazón, lo he aprendido al ser su padre.

La vida es una maestra muy interesante; también es muy paciente. Si tú no aprendes la primera vez la lección que ella te está intentando enseñar, pronto te seguirá mandando más oportunidades para aprender esa misma lección, una y otra vez hasta que por fin hayas aprendido lo que ella quiere que sepas. Cada una de mis hijas me ha enseñado varias lecciones diferentes de una forma magistral.

Rachael me ha enseñado cómo tener éxito en cualquier cosa que trato de hacer. Odia el fracaso más que cualquier otra persona que conozco. Es mi «tigre», ¡siempre acechando y atacando cualquier trabajo que emprende hasta que lo haya completado!

Esther me ha enseñado a divertirme. Me ha ayudado a mantenerme joven de corazón. Nunca me he reído tanto con otra persona como lo he hecho con ella. ¡Me ha dado alegría a mi corazón!

Elizabeth me ha enseñado lo que es la amabilidad y la ternura. Es una de las personas más dulces que yo jamás he conocido. Me ha demostrado lo que significa el perdón y la generosidad. ¡Qué gran corazón tiene!

Susanna me ha enseñado a ser una persona real. Ella no tiene nada de falso. Trata cada situación o asunto conforme surge. Me ha demostrado el poder de aprender a prestarle atención a mis propios sentimientos. ¡Qué asesora más sabia se ha hecho!

He sido bendecido inusualmente de muchas maneras en mi vida. He cometido errores que desearía poder «deshacer». Pero la bendición más grande de mi vida ha sido el privilegio de ser padre de estas cuatro chicas increíbles que con mucho amor llamo mis hijas.

Prefacio

Cuando Peggy y yo comenzamos a organizar nuestras propias funciones de negocios hace muchos años, conocimos a muchas personas interesantes. Al poco tiempo descubrimos que algunos individuos tienen la habilidad única de hacer sentir a alguien como si los hubiera conocido toda la vida. Así es el Dr. Robert Rohm. La información útil que él compartió con nosotros comenzó a clarificar y cristalizar muchos de los conceptos a los cuales ya habíamos estado expuestos en nuestro negocio. Sin embargo, nadie jamás nos había explicado estos conceptos de una manera tan simple, práctica, útil, fácil de entender y sobre todo, ¡tan transferible! Pudimos ver de inmediato como su información se relacionaba con las dos áreas claves de nuestro negocio y nuestras vidas: el trabajo y las personas.

Yo soy más orientado hacia el trabajo, así que me concentro en ayudar a la gente a alcanzar sus metas o cumplir sus sueños. Mi esposa, Peggy, por otro lado, es más orientada hacia las personas. Ella se especializa en construir relaciones. Tiene una habilidad única que le permite hacer que todas las personas que ella conoce se sientan amadas y aceptadas. Cuando tú conoces a Peggy por primera vez, ¡acabas de conocer a tú nueva mejor amiga!

En Robert Rohm, encontramos a alguien que se especializa en las dos áreas claves en las que Peggy y yo estábamos interesados: trabajos y personas. Él comenzó a enseñarnos el modelo D-I-S-C de comportamiento humano. ¡A las personas en nuestra organización les encantó la información y les agradó mucho el Dr. Rohm! (Su uso del humor y sus expresiones faciales mantienen la atención de la audiencia mientras él enseña. Es un proceso fascinante de ver.) Con el pasar de los años, él se ha convertido en un buen amigo y una parte importante de nuestro equipo de desarrollo de negocios.

Este libro de «consejos» es el tercer volumen de una serie de libros llamados «Consejos Prácticos». Estos libros están llenos de consejos de sentido común para enfrentar la vida, los negocios y las relaciones. Nuestra experiencia trabajando con las personas nos ha demostrado que si posees buena información, te encontrarás en una mejor posición para tomar decisiones acertadas en la vida. Este libro contiene una gran cantidad de ese tipo de información buena y sabia.

Peggy y yo esperamos que tú leas estas páginas una y otra vez para comprender mucho más sobre cómo tener éxito en cada área de tu vida. Hay un viejo dicho que dice: «Si pones buena comida sobre la mesa, ¡la gente vendrá y comerá!» Con este libro, la mesa ya está preparada. ¡Ven a comer!

Billy Florence,
Presidente Florence Enterprises, Inc.
Dream Chasers International, Inc.
Athens, Georgia

Reconocimientos

Quisiera agradecer a todo mi personal (a quienes con mucho cariño llamo «mi equipo») por toda la ayuda que cada uno de ellos me ha provisto en crear esta obra. Mi editora, Beth McLendon, pasó horas y horas trabajando el fluir del libro para que todo tenga sentido. Como la palabra escrita y la palabra hablada suelen diferir tanto, Beth muchas veces hizo un esfuerzo más allá de lo requerido para reorganizar mis pensamientos para asegurar que toda la gramática estuviese correcta. Beth ha aportado el ojo avizor a nuestro equipo.

Quiero darle las gracias a Pedro Gonzales, nuestro Director de Arte, por haber formateado este libro de una manera que lo hace fácil de leer. Pedro tiene talento y creatividad de sobra. Es un miembro tan valioso de nuestro equipo de Personality Insights.

Especialmente quiero agradecer a todos los dueños de negocios independientes (IBOs), que siempre han sido el impulso principal que me mantiene alerta y siempre en búsqueda de nuevo material e ideas útiles. Su deseo de crecer y aprender es la materia prima de la cual surge la grandeza. Su hambre de más información, que les ayuda a mantener la actitud mental buena y positiva, les da la ventaja necesaria para ser líderes en un mundo que tanto los necesita y se los merece. IBOs, ¡nunca abandonen sus sueños!

Finalmente, pero aún más importante, quiero dar mis gracias a Dios, por darme ideas frescas y nuevas cada semana para escribir estos «consejos». De vez en cuando temo que tarde o temprano me quedaré sin buen material. Simplemente no soy tan creativo. Sin embargo, Dios sí lo es, así que seguiré contando con Él como mi recurso principal. ¡Gracias, Padre!

Tú eres tan bueno conmigo… y con muchos otros también. Te amamos y apreciamos tu fidelidad con todos tus hijos.

Una explicación útil
antes de leer este libro:

Muchos de los consejos en este libro están relacionados al Modelo de Comportamiento Humano **DISC**. Para que tú puedas estar bien informado a fin de entender la información presentada en este libro, pensamos que sería útil presentar un pequeño resumen del Modelo de Comportamiento Humano antes de comenzar.

Capte la idea

La mayoría de las personas tienen un tipo de personalidad específica y ciertos patrones predecibles de comportamiento. Existen cuatro tipos básicos de personalidades, que también se conocen como temperamentos. Estos cuatro tipos de personalidades son como cuatro partes de un gráfico de disco. Antes de examinar a cada una de esas partes, primero veamos al disco dividido en dos partes. Estas dos partes serán designadas como *extrovertido* y *reservado*. Piensa de esta manera: algunas personas son más extrovertidas y otras son más reservadas.

Las personas *extrovertidas* son más activas y optimistas. Las personas *reservadas* son más pasivas y cuidadosas. Ningún tipo es mejor que el otro. Ambos tipos de comportamiento son necesarios y ambos son importantes. Los del tipo extrovertido necesitan aprender a ser más cuidadosos y estables. Las personas reservadas necesitan aprender cómo ser más dominantes e inspiradoras.

También existe otra manera de dividir ese disco. Lo podemos dividir entre las personas *inclinadas a tareas* y las *inclinadas hacia personas.* Algunas personas se orientan más hacia los trabajos y tareas, mientras que otras se orientan más hacia las relaciones personales.

Las personas *inclinadas a las tareas* necesitan aprender a relacionarse mejor con los demás, a compartir y ser más interactivas. Las personas que son *inclinadas hacia personas* necesitan aprender cómo concentrarse más en hacer tareas y actividades. Necesitan saber más cómo dirigir y corregir.

Ahora podemos dividir el disco en cuatro partes. Podemos visualizar a esas cuatro partes: **D, I, S,** y **C.** Esas personas que catalogamos como principalmente del tipo «**D**» son extrovertidas e inclinadas hacia el trabajo. Aquellas que decimos que son principalmente del tipo «**I**» son extrovertidas e inclinadas hacia personas. Las que son principalmente del tipo «**S**» son gente reservada y orientada hacia otras personas. Por último, las que son principalmente del tipo «**C**» son personas reservadas e inclinadas hacia el trabajo.

El tipo «**D**» puede ser descrito con palabras como: Dominante, Directo, Decisivo, Determinado y Dinámico.

El tipo «**I**» se puede describir con palabras como: Inspirador, que Influye, que Induce, Interactivo, Impresionante e Interesado en las personas.

El tipo «**S**» lo podemos describir con palabras como: Solidario, constante, estable, dulce, Sensible y del estatus quo.

El tipo «**C**» puede ser descrito con las siguientes palabras: Cauteloso, Calculador, Competente, Consistente, Contemplativo, y Cuidadoso.

D = Dominante

I = Inspirador

S = Solidario

C = Cauteloso

Ninguna persona es sólo del tipo «*D*» o «*I*», o un «*S*» o «*C*». Cada uno de nosotros es una mezcla única de estos cuatro tipos. Si alguien dice que tiene una personalidad de mezcla «*I / D*», eso significa que él o ella tiene su nivel más elevado de las características del tipo «*I*» (tipo Inspirador) y su siguiente nivel más elevado de características del tipo «*D*» (tipo Dominante). Por supuesto que lo mismo se puede decir de las otras características también.

Introducción

Una vez oí decir que se necesitan 21 días para que un comportamiento repetitivo se convierta en un «habito». Gracias a mi experiencia, yo sé que los buenos hábitos son una ventaja hermosa para la vida. ¡También sé que los malos hábitos pueden causar dificultades extremas y muchísimo estrés!

Hace algunos años comencé a escribir un «Consejo de la semana». En el principio, parecía como que cada vez que me daba vuelta, ya había pasado una semana más y era tiempo de escribir otro consejo. Entrené a mi mente a buscar pensamientos y conceptos interesantes que significaban mucho para mí y que me habían ayudado en mi vida diaria. Con el tiempo, pude desarrollar uno de los mejores hábitos que jamás he adquirido. El hábito de escribir un consejo cada semana abrió mis ojos para ver mi medio ambiente y me permitió percibir las cosas importantes que estaban ocurriendo a mi alrededor. Resultó que la mayoría de los pensamientos que acabaron convirtiéndose en «consejos» eran ideas cotidianas de sentido común.

Esos pensamientos simples fueron enviados por correo electrónico a mi familia, amigos y compañeros de negocios. ¡Jamás imaginé la respuesta que iba a recibir! Pronto descubrí que los recipientes de mis artículos los habían enviado a sus amigos y asociados. Después de un tiempo, recibí correos electrónicos escritos por personas totalmente extrañas de todas partes del mundo diciéndome cuánto apreciaban esos «consejos». El tema repetido de que esas ideas de sentido común eran prácticas y útiles me impactó de gran manera.

No recuerdo exactamente el preciso momento en el que me enamoré del sentido común. Pero mientras más pasan los años, con más claridad puedo ver que el sentido común no es para nada común. ¡También he llegado a entender que el sentido común no siempre es comúnmente practicado! Estoy agradecido por la erudición y las montañas de información intelectual profunda que hacen que nuestro mundo sea un lugar mejor. Pero también estoy agradecido por el sentido común y el buen juicio porque reconozco lo valioso que son para nuestras vidas diarias. Una vez oí a Dolly Parton decir: «A mí nunca me fue muy bien en la escuela, así que intenté desarrollar un poco de sentido común para salir adelante en la vida». Tomando en cuenta que ella ha construido el segundo parque de atracciones más visitado del mundo (detrás de Disney World), ¡yo diría que tener sentido común le ha ayudado bastante!

¡Yo confío en que estos consejos te proveerán nuevas ideas, entendimiento y un sentido común renovado que te ayudará en todo lo que hagas!

¡Gracias y que Dios te bendiga!

Si quieres despegar con las personas, ¡necesitas el combustible adecuado!

Como la mayoría de ustedes sabrán, yo tengo una verdadera pasión por el tema de los estilos de personalidades. He dedicado mi vida al estudio de este tema. Probablemente también me hayas oído decir: «¿Si yo te entiendo a ti y tú me entiendes a mí, no tiene sentido que podamos tener una relación mejor?» Creo que esto es muy cierto. ¿Pero alguna vez has tomado el tiempo para reducir el tema de las relaciones hasta la verdad más básica? Creo que la clave para tener relaciones felices, saber cómo comunicarse bien y ser un líder exitoso depende directamente de lo bien que tú te llevas con los demás.

Es un hecho que las personas no te seguirán hasta que no se lleven bien contigo. Eso nos lleva a la pregunta principal de este consejo, que es: «¿Sabes cómo hacer para llevarte bien con las personas?» O es que quizás, sin saber, tú tienes una actitud que dice: «¡Yo quiero que los demás se lleven bien conmigo!» Existe una gran diferencia entre estas dos preguntas.

Si tú quieres llevarte bien con otras personas, es necesario que sepas cuál es el impulso básico o la motivación detrás de cada tipo de personalidad. Cuando sabes cuál es el «combustible» que impulsa a cada tipo de personalidad, podrás conectarte a ellos con más éxito a través de suplir su deseo principal. Por si acaso aún no hayas memorizado estos mismos, te los daré una vez más.

Los impulsos básicos o las motivaciones o los «combustibles» de cada uno de los cuatro tipos de personalidades son:

Tipo «*D*» – Los resultados y el éxito.

Tipo «*I*» – La diversión y el entusiasmo.

Tipo «*S*» – La paz y la armonía.

Tipo «*C*» – Las respuestas de calidad, el valor, tener la razón.

Si tú haces un esfuerzo honesto y efectivo para conectarte a otros individuos usando esta técnica, ¡yo te puedo garantizar que serás capaz de llevarte mejor con los demás! Aún así, es importante recordar que esta técnica debe usarse de una manera sincera y genuina, en vez de una forma mecánica.

Cuando tú ayudas a «crear un ambiente» que motiva a cada uno de los cuatro tipos de personalidades, ellos en cambio, querrán estar a tu lado. En otras palabras, cuando tú haces un esfuerzo por llevarte bien con las personas, ¡ellas querrán andar contigo! El siguiente es un ejemplo rápido que quizás te pueda ayudar. Tengo un buen amigo que es del tipo «*D*» elevada. Cuando me reúno con él, siempre llego a tiempo o un poco antes. Intento cederle la iniciativa a él durante la conversación y permito que él me cuente lo que está pensando. Normalmente le hago preguntas para ayudar a clarificar sus metas, sueños y deseos.

Charlamos sobre cómo obtener buenos resultados y éxito en cada área de nuestras vidas: las relaciones, las finanzas y aún hasta nuestra vida espiritual. ¡Siempre tenemos una buena conexión! ¿Es algo sorprendente? Esas son todas las cosas que a él le encantan. Cuando terminamos de conversar, por lo general vamos a mirar una película o a cenar juntos. ¡Eso es lo que a mí me encanta!

Por cierto, esto no es algo tan complicado… es simplemente aprender a proveer lo que las otras personas desean en lo más profundo de su corazón. En otras palabras, es aprender a suministrar el «combustible» que satisface las necesidades de los demás.

Esta semana, comienza a hacer un esfuerzo para «alimentar» a las personas con el combustible emocional que ellos necesitan para poder establecer una conexión con ellos. Si tú quieres ser el que construye relaciones fuertes con las otras personas, «la pelota está en tu tejado» para hacer el esfuerzo necesario. Pronto verás las recompensas de todo tu trabajo. Serás una persona que bendice verdaderamente la vida de muchas otras personas.

Consejo: Si quieres despegar con las personas, ¡necesitas el combustible adecuado!

¡Sé un tornado en reversa!

Desde 1981 hasta 1988, nosotros vivimos en Dallas, Texas. Por cierto, fue una gran experiencia. Llegué a amar a Texas. Hasta que uno no viva ahí, uno no puede realmente entender a Texas. El estado entero es como un show de porristas de escuela secundaria... «¡Somos los mejores!» Mientras estaba allí, aprendí por qué se suele decir que: «Uno siempre puede decir quién es un tejano... ¡pero simplemente no se le puede decir mucho!»

Una parte del estado de Texas está ubicado en el «callejón de tornados». Esta es una franja de territorio que corre por partes de los estados de Kansas, Oklahoma y Texas, donde ocurren muchos tornados. Un tornado es una tormenta mortal. ¡Destruye todo lo que encuentra a su paso! Yo he visto solo un tornado cara a cara en mi vida. Es una criatura con una apariencia horrible y emite un sonido igual de terrible. Su naturaleza es la muerte, la destrucción y la devastación.

Hace poco, yo vi un especial de televisión en el programa del clima sobre los tornados. (¿Puedes creer que algunas personas de hecho persiguen tornados?!) El programa mostraba lo rápido que los tornados pueden aparecer, cuánto daño crean y la rapidez con la que desaparecen. Mientras miraba ese programa, me di cuenta qué era lo que yo quería hacer con mi vida. ¡Quiero ser un tornado en reversa!

Como lo he mencionado antes, un tornado tiene un sólo propósito – a saber, destruir todo lo que encuentra a su paso. ¿Qué pasaría si tú y yo pudiéramos ser un tornado en reversa? En vez de destruir todo con lo que nos encontramos, lo edificaríamos. Lo ayudaríamos y haríamos que sea mejor que antes. En vez de muerte, promoveríamos la sanidad y la vida; en vez de destrucción, fomentaríamos el optimismo y el ánimo; en vez de la devastación, estimularíamos la restauración y la productividad. ¿No sería algo hermoso eso? ¡Lo único raro de esta manera «fantástica» de pensar es que verdaderamente es posible! Cada día, tú y yo podemos elegir ser un tornado en reversa.

Un tornado piensa: «¿Qué puedo hacer hoy para no mostrar la más mínima consideración por lo que encuentre a mi paso y cómo puedo ser lo más destructivo posible?» (Todos hemos conocido a personas así y ellas dejan su marca por dondequiera que vayan.)

Yo estoy sugiriendo que optemos por seguir el camino opuesto. Podemos elegir edificar en lugar de destruir, a través de traer ánimo, ayuda y un punto de vista positivo a todo con lo que nos encontremos. Todo esto comienza con una imagen mental de cómo tú ves tu vida. Creo que si te despiertas cada día y tienes la actitud correcta, entonces el proceso de construcción se convierte en un proceso diario y en desarrollo. Por ejemplo: «¿Qué puedo hacer hoy para mejorar cada situación con la cual hoy me encuentre?» Cuando tú hagas eso, ¡verás que eso es exactamente lo que ocurrirá!

Esta semana, prepara una imagen mental de un tornado

viniendo hacia ti. ¡Luego míralo y dile que se ponga a andar en reversa! ¡Luego súmate a él y comienza a sentir el poder de moverte con él hacia toda una nueva dirección con todo un nuevo propósito!

Consejo: *¡Sé un tornado en reversa!*

La vida es como trabajar en una estación de bomberos.

Hay una película nueva en los cines llamada *Brigada 49*. Es la historia de un grupo de bomberos y muestra las interacciones de sus vidas. Debido a la naturaleza de su trabajo, pasan mucho tiempo juntos. Sus familias se reúnen para los cumpleaños y también otras celebraciones. Básicamente, la película es una buena reseña de cómo vive un bombero y lo que él o ella hace en su trabajo.

Yo disfruté ver esta película. Después de haberla visto, estaba pensando un poco sobre ella y observé que la vida es muy parecida a trabajar en una estación de bomberos. Primero, hay mucha preparación y entrenamiento. Un fuego tiene una vida propia, así que tú debes estar preparado para saber lo que vas a hacer en una variedad de situaciones. Segundo, luchar contra un fuego demanda mucho trabajo en equipo. Una sola persona no es diseñada para este trabajo. Es un esfuerzo en equipo. Tercero, para luchar contra un fuego se requiere un jefe, alguien que rápidamente tomará decisiones difíciles para el bien de todos. Cuarto, los bomberos reconocen que el fuego llegará. No es cuestión de SI ocurrirá o no, sino de CUANDO ocurrirá.

Por lo tanto, los bomberos siempre están anticipando el evento, no dejándose ser sorprendidos.

Uno puede apelar a muchas otras analogías, como tú te podrás imaginar. Sin embargo, para mí, la similitud más impactante de por qué la vida es como trabajar en una estación de bomberos es que nada es realmente importante hasta que suene la campana. Todo el entrenamiento, la organización, la preparación, el trabajo en equipo, los planes, el equipamiento y los conocimientos para apagar fuegos deben ser aplicados para que puedan ser realmente útiles. Cuando suena esa campana, ahí es donde se pone a prueba manifiesta todo lo que un bombero sabe. La vida es así.

En la vida, tú puedes saber lo importante que es ser amable y respetuoso con los demás, ¿pero eres capaz de serlo cuando alguien te cae mal y esa campana en tu interior empieza a sonar? Tú puedes saber todo sobre el dinero y los principios financieros, ¿pero puedes aplicar esa información cuando llega una buena ganga y quieres invertir una gran parte de tus ahorros y esa campana comienza a sonar?

En la vida, tú puedes conocer todos los principios del trabajo en equipo y la importancia de las relaciones familiares, ¿pero puedes amar y aceptar a los miembros de tu familia cuando ellos no actúan como tú esperas y la campana comienza a sonar? ¿Puedes hablar con personas que tienen un punto de vista político o religioso diferente al tuyo y aceptarles como personas, aún cuando ellos te digan que no comparten tu punto de vista o convicciones y cuando luego la campana comienza a sonar?

En la vida, tú puedes saber lo importante que es que el matrimonio sea «para bien o para mal … hasta que la muerte nos separe», pero ¿puedes seguir haciendo un esfuerzo y cumplir con esa promesa aún cuando comienza a sonar esa campana?, ¿o acaso todo eso fue sólo palabras sin sentido y otra promesa quebrada?

En la vida, tú puedes entender que abusar de la bebida y de las drogas pueden llevarte a una muerte prematura, ¿pero qué ocurre cuando tú estás rodeado por amigos y comienzas a sentir la presión y tu campana comienza a sonar?

En otras palabras, el momento culminante ocurre cuando esa campana empieza a sonar. Hasta que eso ocurra, todo lo demás son simples palabras... y como solía decir mi padre: «¡Hablar no cuesta nada!»

Esta semana, trata de ver *Brigada 49*. Presta atención a todo el esfuerzo y todo lo que implica ser un bombero. Luego mira lo que ocurre cuando llega el momento de la verdad y suena esa campana. Desde ese momento, todo cambia... ¡todo! La vida y la muerte, la alegría y la tristeza, la plenitud y el vacío, el gozo y la angustia todos están en juego, no sólo en el mundo de un bombero, sino que también en el tuyo y el mío. Pero realmente no vamos a enterarnos de nada de ello hasta que comience a sonar esa campana, ¿verdad?

Consejo: La vida es como trabajar en una estación de bomberos.

¡Sé un campeón!

«La motivación es como un desodorante – debes aplicártelo constantemente porque se desgasta! La inspiración es completamente diferente. La inspiración surge del interior – de tu corazón, de tu alma. La inspiración no se desgasta.»[1]

Rubén González

Rubén González es un nombre que muchas personas no reconocen. Rubén es un atleta tres veces partícipe de los Juegos Olímpicos en el deporte de luge. Cuando yo primero oí sobre este deporte, no tenía la menor idea de qué era. Aunque lo había visto varias veces, no sabía cómo se llamaba.*

Cuando Rubén estaba creciendo, él no se distinguía como un atleta dotado. No comenzó a practicar el deporte de luge hasta los 21 años. A los 39 años, ¡él estaba compitiendo en los Juegos Olímpicos de Salt Lake City contra rivales de sólo 20 años! El haber empezado tarde en su vida no afectó la determinación de Rubén. Él siguió sus metas y logró participar en tres olimpiadas de forma notable. La historia de Rubén me inspira a querer meterme en el juego de la vida y no sólo permanecer al margen de la acción.

Yo tuve la oportunidad de conocer a Rubén González en una

función de negocios. Él es un gran personaje. Él ha escrito algo llamado «El credo del campeón». Él me dio una copia y yo quisiera compartirlo contigo.

«*El credo del campeón*»

Soy un campeón.

Creo en mí mismo.

Tengo la voluntad de ganar.

Establezco metas altas para mí mismo.

Me rodeo de ganadores.

Soy tranquilo, positivo y confiado.

Tengo coraje. Nunca me rindo.

Estoy dispuesto a pagar el precio del éxito.

Me encanta la lucha y la competición.

Me mantengo relajado y en control en todo momento.

Enfoco toda mi energía en el trabajo a mano.

Me imagino vívidamente como se sentirá la victoria.

*Soy un campeón y **voy a ganar.***

Cuando yo leí este credo, me di cuenta por qué Rubén González ha ido a tres olimpiadas. Él ha entrenado a su mente a ser más fuerte que su cuerpo. Sería muy difícil que su cuerpo no cooperara con alguien que está pensando como Rubén piensa. ¡Lo que estoy diciendo es tan cierto como lo es bíblico! Nuestros cuerpos deben estar sometidos al control de nuestra mente. Como nos dice Proverbios: «Porque cuales son sus pensamientos íntimos, tal es él». *(Proverbios 23:7a RVR 1995)*

Ahora bien, yo entiendo que quizás algunos podrán leer esto y pensar: «Bueno, uno no puede hacer algo simplemente porque su mente le diga que lo puede hacer». Por cierto, eso es verdad. Sin embargo, la mayoría de nosotros estamos a años luz de tener demasiada fortaleza en nuestra mente. Yo creo que a nuestra mente siempre le viene bien un poco de ejercicio y que como cualquier buen músculo, seguirá fortaleciéndose mientras lo sigamos usando.

Esta semana, permíteme animarte a que le des repasos al «Credo del campeón». Léelo varias veces y fíjate si puedes sacar fuerzas y entendimiento de él. Yo sé que yo sí lo he podido hacer.

Comenzar a pensar pensamientos dañinos y negativos es como andar por una pendiente resbaladiza. Pensar pensamientos buenos y positivos cada día es un desafío importante. Cada uno de nosotros se enfrentará con este desafío a lo largo de su vida. Aquellos de nosotros que elijamos seguir el camino que Rubén González nos ha delineado estaremos caminando en los pasos de un atleta olímpico. ¡A mí me parece una buena idea!

Consejo: ¡Sé un campeón!

* El luge es un deporte olímpico de invierno, en el cual un individuo se desliza en trineo por una pista cubierta de nieve. El individuo viaja de espalda y va casi volando. La persona con el tiempo más rápido es el ganador.

Existe una gran diferencia entre el materialismo y la prosperidad.

¿Cuántas veces en la vida te han advertido que no seas materialista? Muchas veces has oído a alguien decir: «Raíz de todos los males es el amor al dinero». *(1a Timoteo 6.10 RVR 1960)* Por lo tanto, cualquiera de las cosas que estén asociadas con el dinero o «las riquezas del mundo» suelen ser vistas con desaprobación. Esto se puede convertir en algo muy confuso. Es más, la frase sobre «amar el dinero» también está groseramente mal interpretada. Por un lado, todos necesitamos dinero, para poder sobrevivir. (Me gusta lo que dice Zig Ziglar: «El dinero no es todo, ¡pero está bastante cerca del oxígeno!») Por otro lado, si no superamos nuestra pasión por el dinero, en poco tiempo todas nuestras posesiones nos poseerán! Una vez más, considero que este es un desafío más grande de lo que se cree por lo general.

La prosperidad es diferente al materialismo. La prosperidad crea una mentalidad de abundancia. El materialismo dice: «¡Yo no me puedo comprar eso!» La prosperidad dice: «¿Cómo puedo hacer para comprar eso?» En otras palabras, la prosperidad ve oportunidades y potencial sin límites.

Dios no creó un universo con recursos limitados. Si la historia nos ha enseñado algo, es que hay una gran abundancia de material en este mundo. Y si acaso nos comenzamos a quedar sin algo, simplemente podemos crear unas alternativas nuevas. Hace muchos años, todos estaban convencidos de que si nos quedábamos sin carbón, dejaríamos de existir. Luego alguien apareció y descubrió cómo usar el petróleo. Yo creo que estamos muy cerca de ver una nueva forma de energía, ya sea por energía solar o por hidrógeno. (Recién oí en las noticias esta semana que los nuevos vehículos siendo importados a los EE.UU. rendirán sesenta millas por galón). Por lo tanto, como Dios ha creado en abundancia, todos podemos experimentar prosperidad. Mi parte es simple; necesito enfocar mi mentalidad para ver cosas desde un punto de vista diferente.

Esta semana, escucha más atentamente a las conversaciones. Te asombrarás al escuchar la mentalidad de «escasez» de la mayoría de las personas. En cada lado que vayas, verás que las conversaciones y los debates todos están centrados sobre el tema del materialismo contra la prosperidad. Aunque las personas no usan esas mismas palabras, eso sigue siendo el tema principal.

El materialismo dice: «Cuida lo que tienes; no tomes riesgos; ahorra para cuando no haya. Mejor me cuido a mí mismo, porque nadie más estará allí para ayudarme. Los tiempos difíciles están por venir. ¡Hemos probado todo, no hay más posibilidades y pronto me quedaré con nada!»

La prosperidad dice: «Busquemos maneras nuevas y creativas de hacer las cosas. Tomemos un riesgo; si fracasamos, por lo menos lo hemos intentado – mientras tanto estaremos aprendiendo mucho. El día de mañana será mejor que hoy. El futuro es brillante; ¡hay una cantidad infinita de posibilidades y lo mejor aún está por llegar!»

Yo creo que el materialismo es malo y que si tú se lo permites, te mantendrá cubierto en tinieblas por el resto de tu vida. La prosperidad, por otro lado, es buena y te ayudará a caminar en la luz, descubriendo nuevas maneras de aprender y crecer.

Esta semana, adopta una mentalidad dada a la prosperidad. Observa toda la abundancia que te rodea. Busca formas nuevas de ensanchar todo lo que estés haciendo. Comienza a reconocer el potencial ilimitado que hay dentro de ti y de los demás.

Consejo: *Existe una gran diferencia entre el materialismo y la prosperidad.*

Sé una persona más considerada.

Yo viajo mucho. Observo a muchas personas. Quedo asombrado por muchas de las cosas que veo. He aprendido mucho al observar el comportamiento de otras personas. Muchas veces me hago esta pregunta: «¿Yo hago eso? ¿Yo actúo de esa manera?»

No pienso, por lo general, que las personas hacen cosas deliberadamente. Por cierto no creo que las personas están haciendo cosas en contra de mí. Creo que están haciendo cosas para sí mismas. Pero ahí es donde está el problema. Muchas veces, las personas no se dan cuenta de la poca consideración que ellos demuestran hacia los demás sin darse cuenta. ¡Yo no quiero ser ese tipo de persona y estoy seguro que tú tampoco!

Hay tres áreas en las cuales yo creo que todos podemos mejorar: la primera área es la carretera. ¿Alguna vez has observado cómo conduce la gente? Se supone que el carril izquierdo existe para conducir al límite de velocidad o para pasar a otros autos. El carril derecho se supone que es para los que quieren conducir un poco más despacio. De haber observado las tendencias generales de los conductores, yo me atrevería a decir que a la mayoría de los conductores nunca se les ha enseñado esa información. Otra cosa, ¿alguna vez has notado que cuando alguien necesita cambiar de carril, en vez de acelerar de forma segura y pasar al otro carril, algunos conductores frenan un poco, o en algunos casos, hasta se detienen por completo para cambiar de carril? ¡Esto lo he visto ocurrir en autopistas interestatales! Esto es algo extremadamente peligroso en una carretera en la cual todos los demás están conduciendo a más de 55 millas por hora. Piensa de antemano y prepárate para cambiar de carril de forma segura sin poner en peligro las vidas de los demás.

La segunda área es en el uso de teléfonos celulares. A mí me asombra que las personas pueden estar sentadas a tu lado en un avión lleno o en un restaurante, conversando a voz alta como si fuesen los únicos presentes. Ellos actúan como si la persona con la que están hablando no pudiese oír, porque están en un lugar ruidoso o lleno de personas. Yo he descubierto que si tú pones tu mano sobre tu boca y hablas casi a murmullos, la otra persona te puede escuchar bastante bien. Por lo tanto, yo les aliento a las personas que estén más conscientes del volumen de su voz.

Finalmente, la tercer área tiene que ver con los pasillos, las puertas y las principales áreas de peatones. Cada día, las personas caminan y de repente se detienen en medio de todo el tráfico. No importa si es en el aeropuerto, el centro comercial, o en la iglesia. Parece que las personas están completamente inconscientes del embotellamiento que ellos les están causando a las demás personas. Se necesitan sólo dos segundos para moverse hacia una pared o dejar libre la parte principal de la vía peatonal y así ser más considerado y dejar que el resto de la gente pueda caminar más fácilmente.

Yo sé que es posible que este consejo te caiga mal. Podrías estar pensando: «Dr. Rohm, ¡yo no sabía que los demás le molestan tanto!» Sinceramente, esa no es para nada mi intención. Al contrario, yo estoy preocupado por mis propios modales y el hecho de que yo quizás esté creando problemas o frustración innecesariamente para los demás.

Esta semana, preste más atención a tus modales detrás del volante cuando manejas, tus modales cuando hablas por teléfono y tus modales cuando caminas. Aprende a observar el comportamiento de los otros. ¡Casi siempre es el mejor maestro de todos!

Consejo: *Sé una persona más considerada.*

¡Párate y habla!

Hablar ante un público siempre ha sido considerado uno de los temores más grandes de la vida. Se dice que el temor más grande en la vida de una persona media es morir quemado. El segundo temor más grande es hablar ante un público.

Para mí es difícil identificarme con alguien que tiene miedo de hablar en público. Después de todo, ¡yo he estado hablando en público y disfrutándolo por casi toda mi vida! Comencé a hablar frente a un público cuando fui escogido a los cinco años para ser el maestro de ceremonias en el programa de graduación de jardín de infantes. Aún recuerdo mi discurso: «Buenas tardes, damas y caballeros. Bienvenidos al programa de graduación del jardín de infantes de First Methodist Church. Esta noche les queremos presentar nuestra producción amateur de «*Goldilocks y los tres osos*». Yo luego introduje a todos mis compañeros de clase y el papel que cada uno de ellos iba a jugar. Ellos estaban todos vestidos con disfraces diferentes, ¡mientras que yo estaba parado ante la audiencia entera en un esmoquin blanco! Fue ahí cuando yo me enamoré con el acto de hablar ante un público. Fue también cuando yo aprendí mi versículo favorito de la Biblia - «¡No hay nada como el espectáculo!» (¡Por supuesto que estoy bromeando sobre eso como un versículo bíblico!) Seguro que tú puedes ver mi entusiasmo y gozo por hablar ante un público.

Unos años después, mientras estaba en la escuela secundaria, recuerdo tomar una clase de discursos. Mi mejor amigo, Champ Vance, se sentaba justo detrás de mí. Aún puedo recordar los nervios que tenía cuando llegó su turno para presentar un discurso. Él estaba cubierto de transpiración hasta los pies, hasta que el mismo suelo debajo de sus zapatos se ponía húmedo. Eso es pura verdad.

A mí se me hacía difícil entender el temor de mi amigo Champ. Era difícil identificarme con él y ser sensible a sus temores. Al crecer y haber aprendido más sobre la compasión y más sobre los estilos de personalidades, he desarrollado un deseo de ser más sensible a los temores de los demás que están menos dispuestos a hablar que yo.

Aunque se me sigue haciendo difícil sentir empatía por un fuerte temor sobre el acto de hablar ante un público, puedo compartir un consejo que creo que te ayudará a ver ese acto desde un punto de vista nuevo y así disminuir tu temor. Este consejo me lo dio uno de mis profesores de universidad durante una lección sobre el tema de hablar en público. Él nos enseñó a comenzar tomando en cuenta el tema de nuestro discurso y su importancia. Él nos dijo que observemos las necesidades de la audiencia para recibir nuestra información. Él luego usó la historia de una casa en llamas. Él nos dijo que si él pasara caminando por nuestra casa a las dos de la mañana y viera que nuestro techo estuviera en llamas, él golpearía en la puerta para advertirnos y ayudarnos. Su conocimiento sobre la información que nosotros necesitábamos oír sobrepasaría y eclipsaría cualquier pensamiento sobre cómo nosotros le podríamos ver a él. Él nos explicó que muchas veces nosotros caemos en la trampa de asignarle más importancia al temor de cómo los otros nos verán, que a la idea de que realmente podríamos estar ayudando a los demás al brindarles la información que necesitan. Incluso podríamos caer en el egoísmo por no compartir información que podría ayudar o bendecir a otras personas. Por supuesto, en la historia de la casa en llamas, lo más egoísta sería irse del vecindario sin golpear en la puerta y alertar a los habitantes con esa información vital.

Yo nunca olvidé esa historia. Ahora creo que cuando me paro a hablar, tengo algo importante que decir. Veo mi papel como el de ayudar a la gente. Por lo tanto, he aprendido a mirar más allá de cualquier temor que pueda sentir y en su lugar, concentrarme en las necesidades de la audiencia. ¡Eso siempre me ha funcionado!

Este concepto también tiene relevancia a las ventas. Los mejores vendedores son los que han sobrepasado su temor de la presentación y en lugar de eso, se han concentrado en el valor del producto que están vendiendo. Ellos se han centrado en los demás, en vez de centrarse en ellos mismos.

Si tú tienes temor a hablar en público, permítame animarte y volver a recordarte que tú no estás solo. Eres una persona única y talentosa, con cosas importantes que decir. El mundo será bendecido cuando decidas pararte y hablar. Sin embargo, no estoy sugiriendo que te metas en una situación que te cause pánico. Mejor, yo te estoy sugiriendo que consideres involucrarte con oportunidades en las que tú no te sientas cómodo o cómoda. Las situaciones en las que sientes cierto grado de incomodidad pueden ser consideradas oportunidades para crecimiento potencial. Considera una de las siguientes:

1. Ofrécete como voluntario para ayudar a enseñar a niños de alguna forma. Los niños tienen normas muy bajas de la perfección y ellos están dispuestos a perdonar mucho.

2. Aprovecha las oportunidades para compartir una idea con un grupo, por ejemplo, en una reunión del trabajo o en una clase de escuela bíblica.

3. Ofrécete para hacer los anuncios en una organización de la cual tú eres miembro.

Después de que tú te sientas algo cómodo con ese tipo de experiencias, quizás quieras continuar reduciendo tu temor por medio de otros tipos de discursos públicos más avanzados:

1. Ofreciendo enseñar una clase en la organización religiosa de la cual tú eres miembro.

2. Tomando una clase de discursos que realmente te ponga a hablar ante un grupo, como la organización Toastmasters.

3. Buscando oportunidades para practicar hablar ante un público. En otras palabras... ¡sólo hazlo! Esa es la mejor manera de aprender.

¡Yo he sido un orador público por más de 50 años! He aprendido algo valioso de cada oportunidad que he tenido para hablar. Algún día escribiré un libro sobre todo lo que he aprendido sobre hablar ante un público. La conclusión de ese libro será simplemente: ¡sobrepasa tus propios temores al concentrarte en ayudar a los demás!

Yo te quiero animar a que descubras lo maravilloso que es hablar sobre un tema que ayuda a otras personas. Es un sentimiento hermoso el poder pararte, presentar tu mensaje y ayudar a la gente. ¡Yo te animo a que lo hagas pronto!

Consejo: *¡Párate y habla!*

¡Descansa!

E stos últimos días, yo he tenido la oportunidad de descansar un poco. Yo sé que todos necesitamos descansar de día a día, pero a veces nos hace falta un poco de descanso adicional para poder recargar nuestras baterías.

Yo creo en el trabajo duro, en la dedicación y en el compromiso. Si tú le fueras a preguntar a cualquiera que ha pasado mucho tiempo conmigo, probablemente te diría que yo suelo ser un adicto al trabajo. Creo en el valor de una buena ética de trabajo, pero también sé que en la vida se requiere un balance. A veces se necesita la habilidad de aminorar la marcha y descansar más para poder cumplir los planes, propósitos y metas a largo plazo en mi vida. Nadie puede operar «a toda máquina» todo el tiempo. Mientras más años cumplo, más veo que la vida es un maratón y no una carrera sprint. Sin embargo, de vez en cuando, se me hace difícil moderar el ritmo. Una vez leí un viejo dicho que dice: «Si tú no te apartas por un rato para descansar… ¡te partirás por completo!» Creo que ese es un buen resumen de lo que estoy queriendo decir con el consejo de esta semana.

Muchos de nosotros estamos convencidos de que debemos trabajar 50 semanas por año y tomarnos un par de semanas para descansar e ir de vacaciones. Yo sugeriría que le sumemos más descanso a nuestro horario de día a día. He descubierto que el descanso es algo muy sanador. Me permite estar refrescado para poder pensar con más claridad y así cometer menos errores. Tengo entendido que las aerolíneas incluso tienen leyes muy estrictas sobre cuántas horas un piloto puede volar antes de que él o ella tenga un tiempo de reposo para poder descansar. Supongo que eso es porque las aerolíneas saben que si un piloto está exhausto, él o ella estará más dado a cometer errores de juicio o equivocarse con el avión. (Como alguien que vuela mucho, ¡yo estoy muy agradecido de que las aerolíneas tienen ese tipo de leyes para sus pilotos!)

Creo que nuestras personalidades entran en juego cuando consideramos nuestras actitudes hacia el trabajo y el descanso. No estoy criticando a los tipos de personalidad *«D»* o *«I»*, pero ambos tipos son más extrovertidos y suelen excederse en casi todo. Sinceramente creo que los tipos *«S»* y *«C»* nos pueden dar un poquito de ayuda para enseñarnos a ser más balanceados en el área del descanso. Sin embargo, yo también sé que los tipos *«S»* y *«C»*, de vez en cuando, deberían salir de su estado reservado e ir en busca de las cosas. Quiero reiterar que todo esto tiene que ver con el balance. Ningún tipo de personalidad es bueno o malo, o más acertado o equivocado. Nosotros simplemente somos diferentes y necesitamos ayudarnos los unos a los otros.

Esta semana, permíteme animarte a que apartes algo de tiempo para un poco de buen descanso. Quizás necesites tomarte un día libre del trabajo. De vez en cuando, a lo mejor consideres irte a dormir un poco más temprano a la noche. Un entrenador de fútbol americano me dijo hace muchos años que si tú te acuestas temprano cuando estás cansado, tu cuerpo descansará mejor que si tú te acuestas más tarde cuando ya estás extenuado.

Yo he descubierto que él tenía toda la razón.

Toma cuidado de tu cuerpo. Es el único que tendrás por el resto de tu vida. Es importante ejercitarlo y alimentarlo, pero también es importante dejar que tu cuerpo descanse bien.

Esta semana, quiero animarte a que tomes un tiempo para descansar.

Consejo: *¡Descansa!*

No todo lo que cuenta puede ser contado y no todo lo que puede ser contado cuenta.

Mientras más años cumplo, más puedo ver la diferencia entre las cosas que son realmente importantes en la vida y las que no importan. He llegado a entender que las relaciones y los sentimientos de otras personas son mucho más importantes que el papeleo. La mayoría de las cosas que me entorpecen día a día son las cosas que al final tendrán poco impacto en mi vida o en la vida de cualquier otra persona. Por lo tanto, las cosas en las cuales me debo concentrar son las que realmente cuentan.

Vivimos en un mundo que está centrado en «las monedas y las narices». Déjame explicar esto. Cuando yo era niño e iba a la iglesia, observé un cartel en la pared del santuario. Tenía dos líneas. La primera línea mostraba la cantidad total de las ofrendas del domingo pasado y el total de ese mismo domingo del año anterior. La segunda línea comparaba la membresía de la última semana con la membresía de ese mismo domingo del año anterior. De ahí originó la frase «monedas y narices». Debido a este énfasis en nuestra iglesia, a mí me dio la impresión de que las dos cosas más importantes en la iglesia eran cuánto dinero habíamos recolectado y cuántas personas eran miembros. Durante todos esos años, el monto total de la ofrenda y el total de la membresía eran las cosas que contábamos cada semana, pero al final, eran cosas que no servían mucho para la creación de una iglesia exitosa.

Yo creo que ese mismo concepto se ha filtrado hacia el mundo de los negocios. Hace unos años, yo estaba pasando un tiempo con mi mentor Zig Ziglar. Le dije a él que yo estaba teniendo mucha dificultad con el asunto del dinero, porque parecía que había impregnado todo lo que yo hacía. Le dije a él que no quería ser impulsado por el dinero, pero que parecía que el dinero estaba asociado con cada decisión que yo tomaba. Zig me explicó algunas cosas que me ayudaron muchísimo. Él me dijo que mi primera prioridad debe ser ayudar a las personas. Mi segundo objetivo debe ser tener ganancias. Y que mi tercera prioridad debe ser agradar a Dios. Luego me dijo algo que jamás olvidaré. Él dijo que si tú te concentras en la prioridad de ayudar a las personas, tú nunca tendrás que ir en busca del dinero, porque el dinero vendrá en busca de ti. Eso fue hace más de diez años y yo honestamente puedo decir que la verdad del concepto que él me enseñó ese día ha sido totalmente comprobada. Mientras yo siga viviendo cada día de mi vida concentrándome en ayudar a todas las personas que pueda, el dinero se convertirá en una cuestión secundaria. Es imposible tomar la cuenta de cuántas personas uno ayuda día a día, pero al final, ayudar a las personas es lo que realmente cuenta.

Los seres humanos somos criaturas muy graciosas. Queremos medir casi todo lo que hacemos – nuestras calorías, nuestra cuenta bancaria, nuestra estatura, nuestro peso, nuestro plan

No todo lo que cuenta puede ser contado y no todo lo que puede ser contado cuenta.

de ahorros, cuánto tiempo nos tardará completar un proyecto, cuánto cuesta un galón de gasolina, el precio de la comida, nuestro presupuesto mensual, etc. No estoy menospreciando estas cosas, porque por supuesto que es muy importante llevar control de los números en relación a nuestras vidas cotidianas. Ninguno de nosotros puede vivir una vida muy efectiva sin prestarle atención a los números. Sin embargo, debemos detenernos y preguntarnos a nosotros mismos: «¿Estamos queriendo contar todo porque creemos que estas son las cosas que realmente cuentan en la vida, o acaso hemos aprendido a concentrarnos en las cosas que realmente cuentan en la vida, que a veces no pueden ser contadas?»

Esta semana, ¿por qué no tomas un momento para evaluar tu propia vida y situación? Yo escribí el título del consejo de esta semana en una ficha hace algunos años. Me ha servido como un recuerdo útil sobre mis prioridades y la manera que yo vivo mi vida. Quiero hacer las cosas que realmente cuentan, no sólo en esta vida, sino también por la eternidad. No quiero concentrarme en contar todo, porque he descubierto que la mayoría de las cosas, al fin de cuentas, son cosas que no tienen mayor importancia y casi siempre acaban siendo arrojadas a la basura.

Quisiera compartir una última historia. Oí a James Dobson hablar sobre cómo él ganó un torneo de tenis en los años sesenta mientras era universitario en la Universidad del Sur de California. Después de ganar el torneo, la escuela puso su trofeo en una de las vitrinas de trofeos. Hace algunos años, uno de sus amigos vio un basurero lleno de trofeos. Él casualmente vio que uno de ellos tenía el nombre de James Dobson. ¡Lo habían tirado a la basura! Eso es lo que suele ocurrir con las cosas que pensamos que pueden ser contadas. Vemos nuestro nombre en un trofeo o en algo más que parece importante, pero veinte años después, realmente descubrimos si era algo que realmente valía muy poco en la vida. Estoy agradecido de que el Dr. Dobson ha dedicado su vida a su ministerio Focus on the Family. Él cree que ese esfuerzo contará más que un viejo trofeo que anda por los basureros en el sur de California. Yo estoy de acuerdo con él.

Yo espero que esta semana, cada uno de nosotros re-examinemos las cosas que hacemos día a día, ¡para que podamos determinar si son cosas que estamos contando o si son cosas que realmente cuentan!

Consejo: *No todo lo que cuenta puede ser contado y no todo lo que puede ser contado cuenta.*

Espera lo inesperado.

Nosotros hemos estado en la misma ubicación hace ya dos años. Hace poco, yo estaba recordando el mes de enero del año 2003. Recuerdo cuando empaquetamos todas las cosas de nuestra oficina de Personality Insights y nos mudamos a una localidad nueva. Unas semanas antes, habíamos arreglado con nuestro proveedor telefónico (MPower) para que pudiéramos transferir todas nuestras líneas telefónicas y servicio de datos a nuestro nuevo local sin interrupciones o problemas. Sin embargo, llegó el último día de nuestra mudanza y nuestro proveedor de comunicaciones, MPower, fue adquirido por Florida Digital Communication. Eso desencadenó una serie de eventos que duró por más de una semana. Nuestro sistema de teléfonos y nuestra línea DSL quedaron fuera de servicio y sin importar lo que yo intentase hacer... ¡no podía hacer que funcionaran!

Ahora, puede que esto suene como una locura, ¡pero yo no me sorprendí cuando ocurrió todo esto! No estoy diciendo que soy clarividente o nada por el estilo. Pero sí entiendo que todo el negocio de las telecomunicaciones está en un «estado de cambio» y que todos sus sistemas son frágiles y muy susceptibles. ¡Yo sabía que quizás íbamos a tener una experiencia difícil!

Nuestro sistema de mensajes de voz cambió día a día para dar información de última hora. Nuestro personal maravilloso devolvió llamadas de teléfono y mensajes con sus celulares por toda una semana. Fue algo que nos causó mucho estrés, pero pudimos sobrepasar esa situación. Ahora todo ya ha vuelto a funcionar. Hasta donde yo sé, todos los que han llamado a nuestra oficina fueron atendidos y no se perdió o demoró ningún pedido.

La razón por la cual yo cuento esta historia es para recordarte que una de las leyes de Murphy es verdad: Si algo puede salir mal, saldrá mal, y saldrá mal en el peor momento posible. Sin embargo, si tú tienes un plan para el peor de los casos, se te hará más fácil sobrevivir esas situaciones difíciles. (Todos los pasajeros del *Titanic* podrían haber sobrevivido si se hubiera respetado este principio. Pero no tenían suficientes botes salvavidas. Después de esa tragedia, a los barcos se les obligó a llevar suficientes botes para todos los pasajeros. En otras palabras, ¡ahora se les requiere que «esperen lo inesperado!»)

Esta semana, toma un tiempo para pensar sobre las situaciones en tu vida. ¿Hay algo que está por ocurrir que puede ser prevenido si tú tomas un poco de tiempo para prestar más atención… al mantenimiento de tu auto… a una relación con una pareja o un hijo/hija… a un acuerdo de negocios?

Todos queremos que a nosotros nos ocurran cosas buenas. Eso es algo perfectamente normal. Sin embargo, sería inteligente pensar un poco sobre este consejo. ¡Puede que en el futuro estés agradecido de haberlo hecho!

Consejo: *Espera lo inesperado.*

Aumenta tus atributos tipo «C»

Los cuatro estilos de personalidades son «*D*», «*I*», «*S*», y «*C*». Todos tenemos algo de cada uno de los cuatro estilos de personalidades. En mi caso, yo tengo menos «*C*» que cualquier otro estilo. Por lo tanto, no suelo operar en las áreas fuertes del estilo «*C*». La personalidad tipo «*C*» es cuidadosa, cautelosa, concienzuda, contempladora, consistente, sistemática, organizada, meticulosa, certera, precisa, lógica, práctica, disciplinada y tiene buen ojo para el detalle.

Cuando yo hablo y escribo, explico que mis atributos tipo «*C*» son mi mayor desafío. No pasa un día en el que no trato de mejorar en esa área. Como puedes ver, yo realmente creo que algunos de los claves secretos de mi futuro éxito están en el área que yo menos conozco. (¡Yo creo que lo mismo es cierto para ti también!) Todos necesitamos aprender y crecer de día a día.

Hace poco, yo leí un artículo que reiteró para mí la importancia de prestarle atención a los detalles. Pensé que quizás te gustaría que lo reproduzca aquí.

Lucha por la perfección – ¡Aumenta tus atributos tipo «**C**»!

Si con el 99,9 por ciento basta, entonces...

- El IRS perderá dos millones de documentos este año.

- Se cargarán 811.200 rollos fotográficos fallados este año.

- Se deducirán 22.000 cheques de cuentas bancarias equivocadas en los próximos 60 minutos.

- Los servicios de telecomunicación perderán 1.314 llamadas telefónicas cada minuto.

- Se le entregarán 12 bebés a los padres equivocados cada día.

- Se entregarán 268.500 neumáticos defectuosos este año.

- Se enviarán 14.208 computadoras personales defectuosas este año.

- 103.260 declaraciones de ingresos serán procesadas de forma incorrecta este año.

- Se enviarán 2.488.200 libros con la tapa equivocada en los próximos 12 meses.

- Se producirán 5.517.200 envases de bebidas gaseosas sin gas en los próximos 12 meses.

- Habrá dos aterrizajes de avión inseguros en el aeropuerto internacional O'Hare de Chicago.

- 3.056 copias del *Wall Street Journal* de mañana no tendrán una de sus tres secciones.

- Se extraviarán 18.322 envíos por correo en la próxima hora.

- Se llevarán a cabo 291 operaciones de marca pasos cardíaco de forma equivocada.

- 880.000 tarjetas de crédito en circulación no tendrán la información de usuario correcta en su franja magnética.

- Se gastarán $9.690 hoy, mañana y en cada día del futuro en equipamiento deportivo defectuoso e inseguro.

- Se instalarán 55 cajeros automáticos defectuosos en los próximos 12 meses.

- Se escribirán 20.000 recetas de medicina equivocadas en los próximos 12 meses.

- 114.500 pares de zapatos disparejos se enviarán este año.

- Durante los próximos 12 meses se gastarán $761.900 en casetes y discos compactos que no funcionarán.

- Se llevarán a cabo 107 procedimientos médicos equivocados al terminar el día de hoy.

- 315 entradas en la tercera edición del diccionario de inglés Webster tendrán faltas de ortografía.

Yo entiendo que todos estos ejemplos pueden ser considerados como casos extremos. Sin embargo, ¡también son ejemplos muy realistas! Esta semana, yo elijo hacer un esfuerzo en mi vida para crecer en el área en la cual yo tengo mis mayores debilidades. ¿Y tú? Lucha por la perfección – ¡Aumenta tus atributos tipo «C»!

Consejo: *Aumenta tus atributos tipo «C»*

Repasa las seis reglas para ser humano.

Hace poco, yo leí un artículo que alguien me dio. El artículo no llevaba el nombre de un autor, así que no te puedo decir quién lo escribió. Tampoco puedo atribuirme el crédito de haberlo escrito, aunque estoy de acuerdo con todo lo que dice. Quería compartirlo contigo, porque resume bien muchas cosas de la vida en sólo unas pocas oraciones. Debido a que soy una persona simple, me gustan las cosas simples. Creo que a muchas otras personas también.

6 reglas para ser humano [1]

1. Tú llegaste a este mundo con un cuerpo – quizá no sea el que tú hubieras elegido para ti mismo, pero ya que no hay nada que puedas hacer, toma cuidado de él.

2. Tú llegaste con una mente – tú misión es llenarla de cosas útiles. Por suerte, el mundo está lleno de buenos maestros. Encuentra algunos que te puedan ayudar.

3. Tú no puedes reprobar las pruebas de la vida – eso es lo bueno. Lo malo es que tendrás que seguir tomando la misma prueba una y otra vez hasta que la puedas dominar.

4. Tú nunca podrás entender las cosas por completo – mientras más aprendas, más verás cuánto aún te queda por aprender.

5. Tú nunca completarás tu jornada – quieres ir de aquí hasta allí. Pero una vez que hayas llegado, el allí se convierte en el aquí y tienes que volver a comenzar desde el inicio.

6. Tú eres tu mejor maestro – tú sabes más que la suma de toda tu educación. Confía en tus propios instintos.

Aunque cada una de las seis reglas son importantes y ciertas, a mí me gusta mucho la número 5… «Tú nunca completarás tu jornada – una vez que hayas llegado, el allí se convierte en el aquí y tienes que volver a comenzar desde el inicio». Hay mucha sabiduría en este concepto.

Nuestra sociedad nos enseña que debemos «acabar». La sabiduría nos dice que debemos continuar la jornada. ¡Todos debemos recordar eso!

Esta semana, practica las 6 reglas para ser humano. Concéntrate cada día en una diferente y observa cómo tu vida se hace más balanceada. Estas reglas tienen mucho sentido. ¡Yo necesito todo el sentido que llegue a mis manos!

Consejo: *Repasa las seis reglas para ser humano.*

Consejo 13

Si tú quieres saber todo sobre una persona, no escuches sus palabras, más bien, mira sus acciones.

Como tú quizás sepas, nuestro país está actualmente en guerra con Iraq. Esta guerra fue consecuencia directa de la respuesta estadounidense hacia un ataque sin precedentes efectuado contra nuestro país el 11 de Septiembre de 2001. Los Estados Unidos no provocaron esta guerra y tampoco la iniciaron. Estados Unidos simplemente respondió y sólo tras haber pasado meses y meses tratando de resolver los asuntos pendientes sin tener que recurrir a la violencia.

Yo sé que existen muchas opiniones diferentes sobre este asunto y que todos tienen el derecho de tener su propia opinión. Así se define una sociedad libre. El debate saludable es una manera de poner las mejores ideas sobre la mesa y llegar a la mejor solución posible. No obstante, en medio de todo esto, algo muy interesante está ocurriendo.

¿Has estado observando algunas de las demostraciones o

manifestaciones públicas que han estado ocurriendo en los EE.UU. o alrededor del mundo? A mí me resulta irónico ver que hay una atmósfera tan diferente en estos eventos.

La semana pasada, asistí a una concentración «pro-América» en Atlanta. Esta concentración estaba dedicada a apoyar a nuestras tropas, nuestros líderes y nuestro presidente. La concentración fue positiva, animadora y sobre todo, pacífica. Los oradores hablaron sobre sus experiencias personales de guerra. Muchos de los que hablaron habían servido al país en guerras anteriores (la Segunda Guerra Mundial, la guerra de Corea, Vietnam y la Tormenta del Desierto). Todos hablaron sobre su aversión contra la guerra y las consecuencias graves que tuvo en sus vidas personales. Sin embargo, cada uno de ellos también habló sobre la necesidad de defender la libertad y la vida. Todos los presentes en la concentración eran amables, respetuosos de la ley y de la gente. Las familias con sus hijos y mascotas se formaron sobre las veredas y las calles para demostrar su apoyo y unidad para con las tropas y con nuestro país. Aunque la concentración no fue catalogada como una concentración a favor de la guerra, era obvio que, como estábamos enfrentando una guerra, si eso era lo necesario, entonces estábamos en favor de esa decisión. ¡La concentración en «favor de la guerra» estaba llena de paz!

Cuando llegué a mi hogar, encendí el televisor y miré las noticias. El programa cubrió varias de las llamadas «concentraciones por la paz» que habían ocurrido a lo largo de los Estados Unidos y el mundo. En estas concentraciones de paz hubo disturbios, saqueos, peleas, heridos, ataques a la policía, destrucción de propiedad pública y arrestos. Escuché con mucho interés los tonos de voz venenosos y las palabras beligerantes que oía. Observé las acciones y las actitudes de los que protestaban mientras ellos hacían conocer su punto de vista. ¡Su «concentración por la paz» estaba llena de guerra!

Mi mente volvió a pensar en los días del Dr. Martin Luther King, Jr. y la forma que el lideró las demostraciones en favor de la paz... de forma pacífica. La historia nos ha mostrado que los que estaban equivocados en esos días eran los hombres y mujeres *violentas* (incluso algunos en puestos de autoridad). Como puedes ver, con el tiempo, la verdad siempre prevalece. El problema de muchas personas es que no saben como discernir lo que está ocurriendo alrededor de ellos. Escuchan las palabras, pero no observan las acciones.

Esta semana, toma un momento para analizar las acciones de las personas que tú conoces. Si una persona no puede hablar sobre un tema difícil de forma reflexiva, racional y con calma, puede ser una señal de que él o ella tiene un problema mayor y simplemente lo está tapando SIENDO RUIDOSO. Lamentablemente, esta técnica ha funcionado por muchos años y seguirá funcionando alrededor de las personas que carecen de sabiduría y no saben cómo pensar por sí mismos.

Consejo: *Si tú quieres saber todo sobre una persona, no escuches sus palabras, más bien, mira sus acciones.*

Concéntrate en la solución, no en el problema.

¿Alguna vez has notado lo fácil que es reconocer un problema? Dondequiera que dirijas tu mirada, hay problemas. ¡O recién has sobrepasado un problema, o estás enfrentándote con uno hoy mismo o hay un problema esperándote a la vuelta de la esquina! Esto no lo digo para ser negativo o pesimista. Es simplemente la verdad.

A mí me han enseñado que debo aprender a ver los problemas como oportunidades o desafíos, y estoy de acuerdo con este punto de vista. Sin embargo, eso no es lo que quiero plantear en este momento. Más bien, en este consejo, estoy enfatizando que en vez de «mirar» al problema, debemos aprender a «buscar» la solución. Esta no es una habilidad que muchas personas poseen. La mayoría de las personas preferirían hablar sobre el problema que hablar sobre las posibles soluciones. ¿Por qué crees tú que hay tantas personas en los tribunales? Ellos quieren que otros les busquen una solución.

Cuando yo era director de escuela, teníamos una pequeña imprenta para suplir nuestras necesidades de impresión internas. Un día, el hombre a cargo de la imprenta se me acercó y me dijo que el pasador metálico de la imprenta se había quebrado. Me mostró el pasador largo metálico y me dijo que la imprenta ya no funcionaría.

Yo caminé con él hacia la imprenta para inspeccionarla. Mientras caminábamos, él me explicó el problema una y otra vez. Yo sé muy poco sobre las imprentas, pero sí sé cómo buscar soluciones.

Le pedí a él que me consiguiera un clavo de tres pulgadas (7,6 centímetros). Mientras él buscaba el clavo, siguió diciéndome que la imprenta estaba rota. Yo tomé el clavo y en menos de tres minutos, reparé la imprenta, reemplazando el pasador quebrado con el clavo fuerte. La imprenta ahora había vuelto a funcionar.

Si llego a vivir hasta los 100 años, nunca me olvidaré de lo que él luego me dijo. Él me preguntó: «¿Cómo supiste hacer eso?»

Yo le contesté: «¡Recién lo acabo de aprender!»

Cuando éramos estudiantes de escuela, a todos nos hicieron tomar una prueba CI de inteligencia. Sin embargo, tu CI (Coeficiente Intelectual) es sólo un número que indica tu rendimiento en la prueba. La verdadera inteligencia tiene que ver con lo bien que sepas resolver problemas. En otras palabras, las personas muy inteligentes han aprendido a buscar soluciones. Ellos se han convertido en maestros de soñar y pensar en lo que «pudiera ser» en vez de lo que siempre ha sido. Ellos saben cómo hacer que las cosas ocurran en vez de simplemente quejarse de los problemas.

John F. Kennedy, citando a George Bernard Shaw, dijo: «Algunas personas ven las cosas como son y dicen ¿por qué?. Yo, en cambio, veo cosas que todavía no son, y digo, ¿por qué no?».[2]

Es decir, cualquiera puede ver un problema, pero se necesita un esfuerzo y mucho pensar para comenzar a buscar una solución.

Si tú aprendes a poner en práctica este consejo, cambiará la manera que tú ves las cosas. Te hará más inteligente, más saludable y más feliz. ¡Incluso puede mejorar tu situación financiera!

Consejo: *Concéntrate en la solución, no en el problema.*

Lo único peor que perder tu vista es perder tu visión.

Yo recuerdo a una mujer muy amable llamada Catherine Estes. Cuando yo era niño, creciendo en Griffin, Georgia, con mi familia a veces pasábamos a buscar a Catherine y la llevábamos a la iglesia. Ella siempre estaba cantando y hablando o contándonos algo emocionante que había ocurrido en su vida esa semana. Lo que más me impresionaba, aún siendo un muchacho joven, era lo positiva y entusiasmada que ella era, a pesar de sus limitaciones. Pues, Catherine era ciega.

La vista es un regalo muy precioso. Con el pasar de los años, la vista mía ha empeorado. Yo aún puedo ver bien de lejos, pero si algo está cerca, pues: «¿Dónde están mis anteojos?»

Una cosa es no poder ver muy bien. No poder ver del todo es algo ya completamente diferente. Quizás tú hayas conocido personalmente a una persona ciega. Cada vez que la íbamos a buscar para ir a la iglesia, Catherine llevaba su Biblia grande en braille y su libro de canciones en braille. A mí me asombraba su habilidad para leer braille. A veces ella me dejaba sentir las líneas escritas. Aún puedo recordar la sensación de su Biblia braille y su libro de canciones en braille en las puntas de mis dedos, incluso al escribir este consejo.

Catherine demostró a través de sus acciones algo que yo luego llegaría a entender. Helen Keller una vez dijo: «Lo único peor que perder la vista, es poder ver, pero no tener visión».[3] La mayoría de nosotros hemos oído esa frase, pero gracias a Catherine, yo la entiendo. Ella nunca perdió su visión en la vida. Ella cantaba en el coro, tocaba la acordeón, ayudaba en la guardería, enseñaba escuela bíblica y nunca se perdía un servicio. (Y para aquellos de ustedes que sean más «ancianos», eso significaba el domingo por la mañana, domingo por la noche y miércoles por la noche).

Por alguna razón, yo nunca me sentí apenado por Catherine. ¡Ahora entiendo que era porque ella no me lo permitía a mí ni a nadie más! Ella se concentraba en su visión de servir a los otros. Ser ciega quizás le haya prevenido manejar un vehículo, pero eso nunca le impidió cumplir la visión y el propósito de su vida.

Yo te pediría que consideres las circunstancias actuales en que te encuentras. ¿Has perdido de vista el significado y el propósito de tu vida? ¿Quizás la razón por la cual las cosas no están ocurriendo como tú deseas es porque tú has perdido tu visión. ¿Aún tienes metas y sueños que te gustarían cumplir?

Esta semana, por qué no limpias tus «anteojos interiores» y desempañas tu visión. Te alegrarás por haberlo hecho.

Consejo: *Lo único peor que perder tu vista es perder tu visión.*

La verdadera clave de la vida es la fidelidad.

En 1924, un joven llamado Gutzon Borglum estaba en el estado de Dakota del Sur. Él miró una montaña de piedra y vio algo en su mente que nadie antes había visto. Él comentó: «La historia americana marchará por ese horizonte».

A él le tardó tres años iniciar su proyecto. Después de haber reunido su equipo de ayudantes, él comenzó el proceso de esculpir imágenes de George Washington, Thomas Jefferson, Abraham Lincoln y Theodore Roosevelt sobre la faz de granito del Monte Rushmore. Mineros con experiencia trabajaron bajo su supervisión. Usando dinamita y martillos neumáticos, ellos removieron 450.000 toneladas de piedra.

En marzo de 1941, un poco antes de que se completase la escultura más grande del mundo, Borglum falleció. Antes de su muerte, un periodista le preguntó a él cuál había sido la parte más difícil del proyecto. Borglum le contestó: «No importa el tamaño del trabajo. Mi responsabilidad era levantar el martillo cada día».[4]

Eso se llama fidelidad. No hay muchos que la tengan. Aunque

parezca mentira, cualquiera la puede obtener, si él o ella simplemente opta por hacerlo. Ciertas personas se distinguen en la historia y forman parte de nuestra memoria, porque fueron fieles para perseverar en aquello que ellos sabían que era lo correcto.

Piensa un poco sobre esto. Pablo fue fiel para escribir el Nuevo Testamento. ¿Cuántas personas han sido bendecidas gracias a su trabajo? Pedro fue fiel para predicar las buenas nuevas. ¿Cuántas personas han sido bendecidas por causa de sus palabras? Juan fue fiel para revelar las revelaciones que Dios le dio sobre el futuro. ¿Cuántas personas han sido bendecidas debido a su sabiduría? Hoy hay muchas personas que nombran a sus hijos Pablo, Pedro o Juan.

Por otro lado, Nerón era el emperador romano durante los años en los cuales se escribió y distribuyó la mayor parte del Nuevo Testamento. Él no fue fiel con nadie, ni con su propia gente. Ahora hay personas que le dan el nombre Nerón a sus perros.

La fidelidad es difícil. Es un camino lleno de soledad. No son muchas las personas que elijen tomar ese camino. Implica hacer lo correcto día tras día… aún cuando tú no tengas ganas de hacerlo. Pero aunque parezca raro, es justamente en ese camino llamado la fidelidad que tú encontrarás todas las bendiciones que tú has estado buscando.

Todos han oído de los 2000 experimentos que Thomas Edison anotó en su diario mientras él buscaba una manera de crear una lámpara eléctrica. ¿De qué se trató todo eso? Por supuesto que de fidelidad.

Tengo una cosa más para compartir. Creo que la razón por la cual tengo esto en mente es porque tengo una querida amiga de

89 años que está por partir hacia la eternidad. Yo la visité hace poco en el hospital Emory. Ella ha sido la persona más fiel que jamás he conocido a lo largo de mi vida. Su vida entera ha sido dedicada a ayudar a otras personas, en los ámbitos espiritual, financiero y social. Yo lo he visto demostrado en las vidas de otras personas. Es un atributo de carácter muy poderoso.

¿Sabes qué es lo único que Dios nos pide cuando nos convertimos en discípulos suyos? Es la fidelidad (vea Mateo 25.14-23). ¿Es bastante simple, no?

Esta semana, piensa sobre la fidelidad. Te hace falta repasar tu fidelidad en el trabajo, en una relación, un proyecto, tu salud o en tu relación con Dios? A fin de cuentas, todo es una cuestión de simplemente ser fieles en todo lo que hacemos. En vez de concentrarte en un desafío que tengas por delante, concéntrate en ser fiel. Cuando lo hagas, todo lo demás comenzará a aclararse.

Consejo: *La verdadera clave de la vida es la fidelidad.*

¡La única manera que las cosas van a cambiar para mí es cuando yo comience a cambiar!

Hace años cuando yo era estudiante de postgrado, uno de mis profesores era un psiquiatra llamado Dr. Paul Meier. Él era un maestro excelente y siempre tenía muchas historias interesantes para compartir. Él nos instruyó usando estudios de caso. Aprendimos el proceso que nos permitía ver cómo una persona muchas veces crea sus propios problemas al hacer malas elecciones o tomar malas decisiones. Él también nos enseñó cómo una persona puede comenzar a dar vuelta a las cosas por medio de aprender a pensar diferente y luego hacer elecciones más sabias y tomar decisiones buenas. Yo recuerdo pensar cuánto me hubiera gustado haber tomado su clase mucho antes cuando era joven, para que así pudiera haber evitado algunos de mis errores. Lamentablemente, la mayoría de nosotros aprendemos nuestras mejores lecciones de nuestros propios errores y fracasos. Como yo suelo decir: «La vida es una maestra excelente».

Yo una vez le pregunté al Dr. Meier porqué la gente habla de los psiquiatras de una forma peyorativa. Él me dijo que el trabajo de un psiquiatra es hacer que tú te mires a ti mismo. Un psiquiatra pone un espejo delante tuyo y sin importar para qué lado te muevas, el doctor sigue poniendo ese espejo delante de tu cara hasta que tú llegas a ese lugar en el cual estás dispuesto a enfrentar a tu ser interior y hacer los cambios necesarios. En otras palabras, es ayudar a una persona a dejar atrás la negación y comenzar a pensar de una forma diferente, lo cual es un proceso muy pero muy difícil. La Biblia a eso lo llama arrepentimiento y no hay nadie que realmente quiera arrepentirse! Sin embargo, esa es la clave para tener una vida exitosa, feliz y llena de salud.

Yo no sé si tú alguna vez has oído acerca de la ley de la correspondencia. Esa ley dice: «Como es lo de adentro... es así también lo de afuera». Es decir, tu mundo exterior es una reflexión de tu mundo interior. Tu mundo exterior es como un espejo de 360 grados. Por dondequiera que mires, te verás a ti mismo en la reflexión. Seguro que has escuchado ese viejo dicho que dice: «Donde sea que vayas... ¡ahí estarás!» Esta es una de las verdades más certeras de toda la historia de la humanidad. Es la base de todas las religiones, todas las metafísicas, toda la psicología, toda la psiquiatría y toda la filosofía. Tiene raíz en la verdad básica de que si tú cambias lo que está ocurriendo dentro de tu mente (en tu mundo interior), entonces puedes cambiar dramáticamente todo lo que está ocurriendo afuera de tu mente, o sea, en tu mundo exterior. En otras palabras, tu mundo exterior simplemente expresa tus pensamientos, tus sueños, metas, esperanzas, sentimientos y etc. Es por eso que muchas veces, lo que una persona piensa y habla es lo que finalmente acaba «ocasionar». No estoy hablando de «confesarlo y recibirlo» o «palabra de fe». Estoy refiriéndome a pedir, buscar y golpear las puertas necesarias para obtener lo que tú quieres para tu vida. Estas son las claves para que tu futuro tome una nueva dirección.

Las personas exitosas siempre están muy claros acerca de lo que quieren hacer con su vida y futuro. Siempre están esforzándose y esmerándose para hacer las cosas cada vez mejor. Las personas fracasadoras siempre tienen una visión «nublada» sobre su vida y futuro. Ellos sólo toman la vida como les viene en vez de salir a buscar lo que quieren.

La ley de la correspondencia dice que tus relaciones, tu salud, tus ingresos y cada otra área de tu vida son simplemente una reflexión de lo que tú actualmente estás atrayendo. Todo lo que tienes en tu vida, tú lo has atraído hacia ti mismo según la clase de persona que eres. Tú puedes cambiar muchos aspectos de tu vida con sólo aprender a pensar de una forma diferente, y así, cambiar de la persona que eres a la que deseas ser. De esta manera, tú luego podrás atraer una NUEVA dinámica a tu vida.

Yo antes me preguntaba por qué diez directores de jóvenes diferentes de diez iglesias diferentes eran capaces de traer cada quien sus veinticinco adolescentes a un campamento de verano y en menos de una hora, todos los «rebeldes» de cada grupo de jóvenes se podían juntar los unos a los otros y pasar tiempo juntos. Ahora sí lo entiendo. Tú encuentras lo que atraes. Es la ley de la correspondencia. Yo creo que una de las revoluciones más grandes de los últimos tiempos es el re-descubrimiento de que cualquiera que está dispuesto a cambiar su actitud mental puede cambiar los aspectos externos de su vida. No obstante, ¡lo opuesto también es cierto!

Tú no puedes estar frustrado, enojado, triste o ignorante en tu interior y tener una vida externa alegre, exitosa y próspera. Pero cuando tu mundo interno comienza a cambiar, pronto habrá cambios en tu mundo externo.

¿Alguna vez te has mirado en el espejo y no te ha gustado lo que has visto? Pues, no es culpa del espejo y no hay nada que el espejo pueda hacer al respecto. ¡Pero tú sí puedes cambiar! La persona interior puede ver lo que se necesita hacer y comenzar a hacer los cambios necesarios.

Esta semana, toma un momento para observar el tipo de cosas que tú has atraído. Si no te agrada lo que ves, quizá sea tiempo de hacer cambios en ti mismo para comenzar a atraer algo diferente. Yo he comprobado esta verdad en mi propia vida y te puedo decir de primera mano que es la única manera de vivir la vida… ¡la única manera!

Consejo: *¡La única manera que las cosas van a cambiar para mí es cuando yo comience a cambiar!*

A veces sólo hace falta tener una perspectiva diferente.

El otro día, yo estaba almorzando con un amigo. Él me dijo que mientras más años cumplía, más entendía la importancia de ver las cosas según su perspectiva correcta. Él dijo: «He llegado a entender que muy poco de lo que inicialmente considero correcto, lo acaba siendo al final. Casi siempre me toma unos días obtener una perspectiva clara de lo que realmente está ocurriendo en mi vida».

Mientras yo reflexionaba sobre esas palabras sabias de mi amigo, ¡entendí lo acertado que estaba! Ver los eventos de la vida según su perspectiva correcta requiere mucha sabiduría... y experiencia. Eso me hace recordar la historia de una pequeña cabaña:

El único sobreviviente de un naufragio fue arrastrado por el mar hacia una pequeña isla deshabitada. Él le oró intensamente a Dios que le rescatara. Cada día, él vigilaba el horizonte, buscando ayuda, pero no aparecía nada. Extenuado, él finalmente logró construir una pequeña cabaña de madera de deriva para protegerse de los elementos y para guardar sus pocas posesiones.

Un día, tras haber estado buscando alimentos, él volvió a su cabaña y la encontró en llamas. El humo subía en nubes hacia el cielo. Lo peor había acontecido – todo estaba perdido. Él quedó atónito, lleno de tristeza y enojo. Él gritó: «Dios, ¿cómo pudiste hacerme esto?»

Temprano en el día siguiente, él se despertó con el sonido de un barco que se estaba aproximando a la isla. Había llegado para rescatarlo. El hombre agobiado les preguntó a sus rescatadores: «¿Cómo sabían que yo estaba aquí?»

Ellos le contestaron: «Vimos tu señal de humo».

Es fácil perder el ánimo cuando las cosas parecen ir mal. Pero no debemos perder la esperanza, porque Dios está obrando en nuestras vidas – aún entre todo el dolor y el sufrimiento.

La próxima vez que tu pequeña cabaña esté quemándose hasta el suelo, recuerda que quizás sea sólo una señal de humo que convocará la gracia de Dios.

Esta semana, abre tu corazón y tu mente a la posibilidad de que Dios está tratando de enseñarte a ver las cosas desde una nueva perspectiva. Da un paso al costado, respira hondo y deja atrás la obligación de tener que entender todo tan rápido. Quizás la situación que tú estás atravesando en este momento sea la que te ayudará a aprender la mismísima lección que necesitarás saber para llegar a donde tú necesitas estar!

> **Consejo:** *A veces sólo hace falta tener una perspectiva diferente.*

Nunca vivas tu vida en base a lo que las otras personas piensen, digan o hagan.

Vivimos en un mundo muy impresionable. A cada lado que miremos, hay alguien tratando de llamarnos la atención. Mira todos los carteles publicitarios y los comerciales en la televisión, así como las propagandas en los diarios, la radio y las revistas. Sólo hace falta que algún personaje célebre se ponga una gorra de béisbol al revés para que todos lo empiecen a imitar. Desde la ropa que usamos hasta los autos que conducimos, alguien está tratando de influenciar cada una de nuestras decisiones.

Hace poco, yo encontré un artículo que me hizo acordar de que algunos de nosotros queremos ser diferentes. No queremos seguir al montón. No queremos tener una mentalidad de manada. Queremos hacer nuestras decisiones según lo que es correcto, no lo que es popular o políticamente correcto.

Las siguientes palabras fueron escritas por el autor Kent Keith. La sabiduría de estas palabras ha inspirado a muchas almas en los últimos 30 años. La Madre Teresa estaba tan de acuerdo con estas palabras que ella colgó una versión de las mismas en la pared de su orfanato en Calcuta:

De todas formas: Los mandamientos paradójicos

La gente no es razonable, es ilógica y egoísta. Ámala de todas formas. Si obras bien, la gente te acusará de ser egoísta y tener intenciones ocultas. Obra bien de todas formas. Si tienes éxito, te ganarás amigos falsos y verdaderos enemigos. Ten éxito de todas formas. El bien que obras hoy, mañana será olvidado. Obra bien de todas formas. Ser honesto y franco te pueden hacer vulnerable. Sé honesto y franco de todas formas. Las personas más grandes con las ideas más grandes pueden ser derribadas por las personas más pequeñas con las mentes más pequeñas. Piensa en grande de todas formas. La gente simpatiza con los que no son favoritos, pero sólo siguen a los ganadores. Lucha por los que no son favoritos de todas formas. Lo que tú puedes estar años construyendo, alguien podría destruirlo de la noche para la mañana. Construye de todas formas. Las personas realmente necesitan ayuda, pero te pueden atacar si las ayudas. Ayúdalas de todas formas. Da al mundo lo mejor que tengas y te patearán los dientes. Da al mundo lo mejor que tengas de todas formas.[5]

A mí me gusta ese tipo de actitud y espíritu. Me ayuda a ver el valor de pensar con mi propia cabeza a pesar de lo que las otras personas hagan o quizás no hagan. Pensar así me lleva a aspirar hasta un estándar más alto; uno que me trae paz, gozo y contentamiento a pesar de todo lo que está ocurriendo a mi alrededor.

Abraham Lincoln una vez dijo: «Tratar de agradar a todos no satisface a nadie».

Esta semana, presta más atención a lo que te motiva a hacer las decisiones que tú tomas. ¿Es mejor vivir tu vida según el punto de vista de otra persona, o es mejor vivir tu vida según un llamado superior de lo alto?

Consejo: *Nunca vivas tu vida en base a lo que las otras personas piensen, digan o hagan.*

Todos importan.

Nosotros vivimos en un mundo muy grande. La población del mundo ya supera los siete billones. Esa es una cantidad enorme de personas. ¡Es fácil perderse en una multitud de ese tamaño!

El año pasado, yo tuve la oportunidad de ir a China. Hay aproximadamente 1,4 billones de habitantes en China. Eso es más de cuatro veces la población de los Estados Unidos. No pude evitar pensar lo fácil que sería perder tu identidad en una multitud tan grande de personas.

Una de las verdades más importantes que cualquier persona puede llegar a entender es que él o ella realmente importa. Yo sé que a veces parece que nosotros no importamos, pero lo cierto es que sí importamos. No sé si tú alguna vez has oído del siguiente escenario, y no me puedo atribuir el mérito de haberlo creado, pero con toda certeza creo que es verdad:

«Todos importan»

Por falta de un clavo se perdió una herradura;
Por falta de una herradura se perdió un caballo;
Por falta de un caballo se perdió un hombre;

> *Por falta de un hombre se perdió un mensaje;*
> *Por falta de un mensaje se perdió una batalla;*
> *Por falta de una batalla se perdió una guerra;*
> *Todo esto por falta de un clavo.*

Autor desconocido

Va bien al grano, ¿no?

¿Recuerdas tú cuando estabas en la clase de biología en la escuela y estudiaste sobre la cadena alimenticia? Esa fue una de las primeras veces en mi vida que yo realmente comencé a entender que cada parte de la naturaleza es importante. Si uno fuese a eliminar una parte de la cadena alimenticia, no pasaría mucho tiempo antes de que otra parte de la cadena se quedase sin algo para comer. Esto pronto tendría un efecto de «filtración». Tarde o temprano, esto nos afectaría a ti y a mí.

Esta semana, ¿por qué no tomas un momento para ver tu vida desde un punto de vista nuevo? Aunque seas parte de la cadena alimenticia, tú eres mucho más que eso. Aunque seas un simple clavo, tú eres mucho más que eso. Tú eres una creación de Dios y como solía decir la Tía Jemima: «¡Dios no hace porquerías!»

Yo creo que una de las cosas más importantes que las personas deben saber, desde la parte más profunda de su corazón, si es que van a tener una vida exitosa, es que ellos sí importan. Yo estoy agradecido por la vida; estoy agradecido por la oportunidad de compartir buenas noticias con otras personas y estoy agradecido por ti. ¿Sabes por qué? Porque yo sé que tú eres importante… ¡realmente lo eres!

Consejo: *Todos importan.*

¡Prohibido quejarse!

Hace algunos años, alguien me dio una chapa que me ha agradado mirar de vez en cuando. La chapa dice: «¡Prohibido quejarse!» Es un letrero blanco con letras negras y tiene un círculo rojo alrededor de la palabra «quejarse», la cual está cruzada por una línea roja que indica que... ¡es prohibido quejarse!

Todos hemos oído las quejas de nuestros niños. Lamentablemente, las quejas también suelen venir de nosotros cuando crecemos y nos convertimos en adultos. Quejarse es más o menos igual a una actitud que dice: «¡Pobre de mí! ¡La vida es un asco! ¡Está lloviendo a cántaros y no tengo paraguas! ¡Llovió sopa y yo sólo tenía un tenedor!» Bueno, creo que ya ves a lo que me refiero.

La verdad es que todos tenemos nuestros altibajos. Todos tenemos días buenos y días no tan buenos. La clave es aprender a no quejarnos cuando las cosas no salen como queremos, y aprender a «mordernos la lengua», para darle a las circunstancias el tiempo y el espacio que necesitan para efectuar los cambios necesarios en nuestras vidas.

Hace años, yo me encontré con este poema sobre las quejas que resume muy bien lo que estoy queriendo decir.

Aunque no se conoce el autor, te puedo asegurar que fue alguien con experiencia de haber estado cerca de personas «quejosas». Después de leer esto, quejarse implicará todo un significado nuevo:

Hoy, en el autobús, vi a una chica hermosa con pelo dorado. Tuve envidia de ella... parecía estar tan contenta... y deseé que pudiera ser tan linda como ella. Cuando ella se paró de repente para irse, la vi cojear por el pasillo. Ella tenía una sola pierna y usaba muletas. Pero al pasarme... ¡una sonrisa!

Oh Dios, perdóname cuando me quejo. Tengo dos piernas. ¡El mundo es mío!

Yo paré para comprar unos dulces. El muchacho que me los vendió era tan simpático. Yo hablé con él. Él parecía estar tan contento. Si yo me tardara, no sería una molestia. Y al irme, él me dijo: «Gracias. Has sido tan amable. Me agrada poder hablar con personas como tú. Verás, yo soy ciego».

Oh Dios, perdóname cuando me quejo. Tengo dos ojos. ¡El mundo es mío!

Un poco después, mientras caminaba por la calle, vi a un niño con ojos azules. Él estaba parado y miraba a los otros niños jugar. Él no sabía qué hacer. Yo me detuve por un momento, y luego le pregunté: «¿Por qué no vas con los otros, cariño?» Él siguió mirando hacia adelante sin decir una palabra y entonces me di cuenta que él no podía oír.

Oh Dios, perdóname cuando me quejo. Tengo dos oídos. El mundo es mío.

Con pies para llevarme a donde quiero ir, con ojos para ver el brillo del anochecer, con oídos para oír lo que quiero aprender...

Oh Dios, perdóname cuando me quejo. Yo ciertamente soy bendecido. El mundo es mío.

Autor desconocido

¿Ves a qué me refiero?

Yo le leí ese poema a un amigo mío hace sólo unos días y cuando alcé mis ojos para mirarle, él tenía lágrimas en sus ojos. Yo le dije: «Por favor, ¡hazme recordar este poema si alguna vez me oyes quejándome otra vez!»

No me malinterpretes. Yo sé que cada uno de nosotros tiene situaciones y circunstancias que son difíciles de enfrentar de vez en cuando. No es mi intención restarle importancia a esas instancias. Simplemente creo que debemos mantener las cosas en perspectiva y entender que las quejas nos arrastran más hacia abajo y hacia la dirección equivocada y no nos levantan hacia la dirección correcta.

Consejo: *¡Prohibido quejarse!*

Nada que valga la pena es fácil de hacer.

Hace algunos años, yo comencé a involucrarme con el mundo del comercio electrónico. Como la mayoría de ustedes ya saben, el comercio electrónico es la ola del futuro. Es más, ya es una realidad para muchas personas, y con el tiempo, se convertirá en parte de la vida diaria de todos los demás. Más y más personas están aprendiendo a usar el Internet y con eso se producen más y más ventas. Los comerciantes están descubriendo que existen oportunidades enormes a través de las compras vía Internet y el comercio electrónico.

Si tú viviste en la década de los años 50, cuando acababa de aparecer la televisión, tú fuiste parte de un fenómeno nuevo que estaba ocurriendo por todas partes del mundo. En 1950, sólo tres por ciento de la población norteamericana tenía un televisor. Ahora, todos tienen un televisor en su hogar. (Mejor dicho, ¡todos tienen dos o tres televisores!) Antes de que llegase la televisión, casi todos dependían de la radio para conseguir su información. Hoy en día, por lo general las personas sólo encienden la radio cuando viajan en auto o cuando suena su despertador en la mañana. Al igual que la televisión reemplazó la radio, el Internet y el comercio electrónico están reemplazando muchas de las maneras tradicionales que hemos usado para ir de compras en tiempos pasados.

El Internet es un método nuevo y rápido de comunicación que produce resultados maravillosos. Nos permite mantenernos en contacto con nuestros amigos, nuestra familia, y nuestras relaciones y asuntos de negocios. Sin embargo, usar el Internet en general y el comercio electrónico en particular sí requieren mucho esfuerzo y energía de antemano para poder obtener buenos resultados. Por ejemplo, cualquiera que ha intentado crear un sitio de web o ha pasado el tiempo necesario para aprender a mandar y recibir correo electrónico ha descubierto que existen muchos desafíos. Hay una multitud de cosas que pueden salir mal. Si tú ubicas un punto, un espacio o una raya en el lugar equivocado mientras mandas un correo electrónico o buscas una página, tú mensaje se perderá, el enlace no funcionará o se fallará la transmisión. Así es el Internet.

Si tú eres una persona normal, de vez en cuando, vas a querer alzar tus manos y darte por vencido, pensando: «Me rindo. Esto es demasiado complicado y difícil de aprender». Pero créeme, mientras más tiempo inviertas en algo y mientras más te concentres, las cosas se harán más fáciles y tendrás más productividad financiera. Es simplemente imposible que algo que vale la pena sea demasiado fácil, porque si no, todos lo estarían haciendo. Como dice el viejo dicho: «El botín se lo lleva el vencedor». Esto no es cierto sólo en tiempos de guerra, sino también en los negocios.

Esta semana, déjame animarte a que aguantes hasta el final cuando se trate de desarrollar una mentalidad que te permita aceptar esta nueva forma de vida llamada comercio electrónico.

No te desanimes cuando las cosas no salen como tú esperabas. Es un proceso largo que requiere tiempo y esfuerzo. Pero brinda riquezas y recompensas a todos los que estén dispuestos a luchar hasta el final. Aunque quizás no siempre me guste, yo estoy dispuesto a aguantar hasta el final. ¿Y tú?

Consejo: *Nada que valga la pena es fácil de hacer.*

Practica la docena diaria.

L a semana pasada, yo estaba en una reunión de Alcohólicos Anónimos (AA). Como quizás la mayoría de ustedes ya sepan, hace unos ocho años, conocí a un caballero que ha resultado ser uno de mis mejores amigos en todo el mundo. Él es un alcohólico en recuperación, y hace años, él me invitó a ir a las reuniones de AA con él. Al principio, yo no estaba muy convencido de esta idea, pero como yo confiaba en él y en nuestra amistad, yo opté por acompañarlo a la reunión. Quedé asombrado! Aunque había muchas personas en esa reunión que aún seguían sufriendo de las consecuencias del alcoholismo, también habían muchas que habían encontrado salud, integridad y paz. A lo largo de los años, yo he seguido yendo a las reuniones de forma periódica. He descubierto, en ese mismo lugar y en ese ambiente, algo especial que jamás he podido encontrar en cualquier otro lugar que he asistido.

La semana pasada, yo vi un cartel en la pared. El cartel decía: «No te olvides de practicar la docena diaria». Después de esto estaba una lista de la docena diaria:

Honestidad

Esperanza

Fe

Coraje

Integridad

Buena disposición

Humildad

Amor fraternal

Autodisciplina

Perseverancia

Conciencia de Dios

Servicio

Mientras me quedé sentado y leía esa lista, me di cuenta que esta era una lista maravillosa de atributos personales para poner en práctica cada día. También entendí que estas cualidades en realidad forman parte del mapa que marca el camino para dejar atrás la adicción y una vida llena de comportamientos autodestructivos. Hice una pequeña oración mientras estaba ahí sentado. Le pedí a Dios que me ayudara a convertir esas cualidades en una realidad diaria en mi vida.

No sé si alguna vez has ido a una reunión de AA o no; no obstante, la comunidad de recuperación no está limitada a sólo Alcohólicos Anónimos. Aparte del alcohol, existen muchos otros temas importantes con los cuales la gente necesita aprender a lidiar y conseguir ayuda en su vida personal.

Estoy asombrado por el hecho de que nuestras vidas toman un significado totalmente nuevo cuando comenzamos a practicar comportamientos diferentes. Yo sé que has oído la frase bíblica que dice: Uno cosecha lo que siembra. Muchas veces eso se dice con una sensación de angustia, porque la gente usa ese verso bíblico de Gálatas 6.7 para indicar que alguien está metiéndose en problemas con un comportamiento equivocado. Pero recuerda, la otra cara de la moneda también se puede aplicar. Si plantamos buenas semillas, tendremos una buena cosecha. El principio es tan positivo como lo es negativo. Funciona de las dos maneras – *a tu favor* o *en tu contra*. Por lo tanto, sí es posible cosechar los beneficios de sembrar buenas semillas. ¡Sólo pregúntaselo a cualquier agricultor bueno!

Permíteme animarte a que repases esta lista una vez más, pero esta vez, léela un poco más despacio.

Es una lista importante. Yo la copié y la llevaré conmigo entre mis otras «fichas de recuerdo» para mantener mis pies sobre el camino correcto. Este plan quizás no sea una mala idea para todos nosotros. ¿No estás de acuerdo?

Consejo: *Practica la docena diaria.*

Sé como una semilla de mostaza.

L a mayoría de nosotros, en algún momento u otro, hemos oído la expresión que dice: «Sólo necesitas tener fe como un grano de mostaza para poder hacer grandes cosas». De hecho, la expresión viene del texto bíblico que se encuentra en Mateo 17.20-21 RVC: «De cierto les digo, que si tuvieran fe como un grano de mostaza, le dirían a este monte: "Quítate de allí y vete a otro lugar", y el monte les obedecería».

Estas palabras a mí me suenan bastante sublimes. También suena como un tipo de poder que a mí me gustaría poseer. Cualquiera que tenga este tipo de fe seguramente tendrá éxito en cada área de su vida.

A lo largo de los años, yo he pensado muchas veces sobre lo que realmente significa tener «fe como un grano de mostaza». Tengo entendido que una de las características de las semillas de mostaza es que son muy pequeñas. Así que eso implica que aunque tú tengas una fe pequeña desde el inicio, con el tiempo puede llegar a ser del tamaño de una montaña. Aunque creo que esa es una buena interpretación, creo que existe un significado aún más profundo.

Algo que es cierto sobre una semilla de mostaza es que cuando uno la planta en tierra fértil, es capaz de producir una planta de mostaza. La vida de un árbol está dentro de una semilla. Como la semilla conoce su propósito, cuando es plantada, ella brinda fruto y produce justo como fue diseñada para producir. Yo creo que esto es realmente lo que nos enseña la historia de la semilla de mostaza. Una vez que tú descubres el propósito para el cual tú fuiste creado y lo comienzas a cumplir, ¡tú descubres que tu vida se hace más fructífera, productiva y plena!

Como la mayoría de ustedes ya saben, yo creo que la información **DISC** es la información más útil que una persona puede poseer en su vida para empezar a cumplir el propósito y diseño que Dios le ha dado. Si tú y yo somos como una semilla de mostaza, y entendemos cuál es nuestro propósito, entonces comenzaremos a cumplir nuestro destino y el propósito de nuestra vida, para el cual fuimos creados.

Déjame darte un ejemplo. Yo una vez lo oí a Zig Ziglar decir: «Como yo soy un individuo tipo «*D/I*» elevada, mi personalidad no me permite trabajar para otra persona».

Yo me dije a mí mismo: «¡Qué inteligente!» Cada persona tipo «*D*» que yo he conocido tiene un destino que está buscando cumplir. Es parte del diseño y la naturaleza que Dios les ha deparado. Ellos nunca estarán contentos o realizados trabajando en una situación en la cual no están trabajando por su propia cuenta o no están controlando o dirigiendo una empresa. Simplemente forma parte de la manera en que ellos han sido diseñados. Lo mismo se puede decir de todos los otros tipos de personalidades también. Mientras más entiende cada uno el propósito para el cual él o ella ha sido creado, más empezará a disfrutar su vida, encontrar satisfacción y ser productivo. La semilla de mostaza sabe cómo hacer eso. Es por eso que ha sido tomada como ejemplo para emular y seguir por siglos y siglos. Ella sabe su propósito y se encarga de cumplirlo de día a día. Si nosotros tenemos esa misma clase de fe y una actitud similar, entonces seremos igual de exitosos como esa pequeña semilla de mostaza.

Yo quiero desafiarte y animarte a que pases un tiempo repasando la información sobre los estilos de personalidades. Mientras más sepas sobre cada una de ellas, más éxito tendrás. ¡Te lo garantizo! Yo creo que esa información está entre las más útiles que un ser humano puede poseer, porque te muestra el propósito para el cual tú fuiste creado y cómo cumplirlo. Cada persona que yo he conocido, que está viviendo sus sueños o cumpliendo el propósito para el cual fue creada, ha accedido al secreto de la semilla de mostaza. ¿Y tú?

Consejo: *Sé como una semilla de mostaza.*

Consejo 25

Para hacer lo que quieres, a veces tienes que hacer lo que no quieres.

La mayoría de nosotros tenemos cosas en nuestra rutina diaria que simplemente no queremos hacer. No nos gusta hacerlas por cualquier cantidad de razones. A veces es porque no somos tan buenos en alguna área particular de la vida. Otras veces, es porque creemos que estamos perdiendo tiempo o estamos girando en círculos al hacerlas. Déjame darte unos ejemplos. (Yo sé que algunas de estas cosas pueden parecer tontas, pero no dejan de ser ciertas.) A mí me causa una frustración sin fin tener que bañarme y limpiarme cada mañana. Es un sufrimiento de 30 minutos que tengo que hacer cada día. Me parece una gran pérdida de tiempo tener que ducharme, afeitarme, cepillar los dientes, peinar el pelo y vestirme. ¿Te imaginas cuánto tiempo pasas en un año haciendo estas cosas simples? Sin embargo, ¡he descubierto que producen buenos resultados! Me hacen sentir refrescado y despierto y me dan la oportunidad de relacionarme con otras personas durante todo el día.

Otra cosa que parece ser una gran frustración para mí es tener que repasar mi correo electrónico. Yo recibo 100 correos electrónicos cada día. Por lo general, diez de ellos son importantes, pero para encargarme de los otros 90, tengo que filtrarlos, borrarlos y echarlos a la basura. Una vez más, me parece una pérdida de tiempo, pero esos diez mensajes importantes que recibo por lo general tienen algo que ver con guiar mi vida, mis negocios y mi futuro. Puedo seguir dándote ejemplos, pero creo que ya entiendes la idea.

Lo que a mí me encanta hacer es hablar, motivar y animar a otras personas. Creo que ahí es donde están mis verdaderos dones y talentos. También disfruto trabajar con productos nuevos que ayudarán a las personas a entenderse mejor a sí mismos y a los demás. ¡Estas cosas me traen mucha satisfacción! Sin embargo, la mayor parte de mi tiempo se ocupa haciendo cosas que son más necesarias que apasionantes o divertidas. He aprendido que para poder hacer lo que quiero en la vida, ¡tengo que pasar mucho tiempo haciendo lo que no quiero! Déjame darte otro ejemplo corto. Como muchos de ustedes sabrán, nosotros hemos creado muchos productos, incluyendo una gran cantidad de libros. A mí me asombra cuánto tiempo se puede necesitar para escribir y publicar un libro. Cuando nos llegan los libros en paletas enormes, los descargamos, los metemos en un almacén y hacemos un inventario. Luego levantamos las cajas de libros, les aplicamos una etiqueta y las llevamos a funciones o las enviamos por correo de día a día para llenar pedidos. (Pienso que quizás yo debería haber estado haciendo ejercicio con Arnold Schwarzenegger estos últimos años, y así ya sería un fisicoculturista profesional.) A veces parece que paso gran parte de mi día levantando o moviendo cajas llenas de libros.

Yo entiendo que estoy exagerando la cantidad de tiempo que

paso moviendo cajas, pero lo que más gracia me da es que es sólo una de las cosas en mi día que debo hacer aunque no me guste. Ahora que me pongo a pensar, eso ocupa sólo una pequeña parte de mi día comparado con todas las otras cosas que tengo que hacer.

Lo que estoy tratando de decir es que tengo que trabajar para mejorar mi actitud hacia las cosas que no me gustan hacer de día a día. Esto te lo digo para animarte, porque no me sorprendería si tú te enfrentas al mismo desafío que yo. Estas interrupciones molestas existen en la vida diaria de todos, pero simplemente son parte de la vida. Una vez escuché a Charles «Tremendous» Jones decir: «Yo quería levantarme y hacer un impacto en el mundo entero y ni siquiera podía encontrar un par de calcetines en mi armario».[6] Me hizo reír, porque yo sabía exactamente a qué se estaba refiriendo.

Esta semana, déjame animarte a cultivar una gran actitud hacia las cosas que no te agradan o no tienes ganas de hacer. Si tú le dedicas suficiente tiempo a hacerlas y te niegas a dejar que ellas te desanimen o te distraigan, podrás concentrarte más en las cosas que a ti encantan hacer. La vida es un juego de balance y yo confío en que estos pensamientos te ayudarán a mantenerte balanceado en aprender a hacer las cosas necesarias que existen en tu rutina diaria, para que así puedas hacer las cosas que te encantan… ¡las cosas que te apasionan!

Consejo: *Para hacer lo que quieres, a veces tienes que hacer lo que no quieres.*

Recuerda orar.

Algunos de ustedes quizás lean este «consejo» y de inmediato pensarán: «Oiga, ¡yo pensaba que estos consejos tenían que ver con mis negocios y mi éxito personal! La oración sólo tiene que ver con mis creencias religiosas, ¿no es cierto?»

Yo te diré que aunque la oración tiene mucho que ver con tu fe, va mucho más allá de eso... quizás incluso más lejos de lo que tú jamás te hayas imaginado.

Sin importar lo inteligente que seas o el grado de educación que tengas, llegará un momento en el que tú te encontrarás sin recursos propios. Es más, si tomas un momento para pensarlo, ¡nuestros propios recursos desde luego son bastante limitados! ¿Quién de nosotros puede hacer latir a su propio corazón? ¿Quién de nosotros puede crear oxígeno para respirar? ¿Cuándo fue la última vez que tú o yo ayudamos a la tierra a rotar sobre su eje? ¿Ves a qué me refiero?

Yo he llegado a entender que la oración no es tanto para el beneficio de Dios sino para el mío. Me ayuda a aclarar mi mente y me prepara para poder empezar a recibir las cosas buenas que Dios quiere que yo pueda experimentar como parte de su gran plan.

Hace poco, encontré un viejo artículo que he guardado por muchos años. Cuenta la historia de un joven soldado confederado que fue hallado muerto en un campo después de acabar la Guerra Civil Estadounidense. Alguien registró sus bolsillos y encontró esta oración escrita sobre un pedazo de papel:

> *Le pedí a Dios fuerza para lograr grandes acontecimientos,*
> *Pero Él me dio debilidad para que pudiera aprender a obedecer con humildad.*
>
> *Le pedí a Dios riquezas para estar contento,*
> *Pero Él me dio pobreza para que fuera sabio.*
>
> *Le pedí a Dios salud para poder hacer cosas grandes,*
> *Pero Él me dio enfermedad para que hiciera cosas mejores.*
>
> *Le pedí a Dios poder para ganarme los elogios de todo el mundo,*
> *Pero Él me dio debilidad para que sintiera la necesidad de Dios.*
>
> *Le pedí a Dios todas las cosas para disfrutar de la vida,*
> *Pero Él me dio vida para que aprenda a disfrutar de todas las cosas.*
>
> *No recibí nada de lo que pedí, pero recibí todo lo que esperaba,*
> *Y a pesar de mí mismo, mi oración sin expresar fue contestada.*

¿Ves a lo que me refiero? Al final, su corazón estaba centrado sobre un propósito más grande de lo que él había anticipado. Eso es lo que la oración hará por ti. Te hará una persona mejor, permitiéndote ver mucho más de lo que tú jamás te has imaginado… tanto en los negocios, como en la familia y la vida personal. Tú quizás no recibas justo lo que habías pedido, ¡pero recibirás todo lo que has estado esperado! ¡Te lo puedo garantizar!

Consejo: *Recuerda orar.*

Yo soy responsable.

No sé si tú alguna vez hayas visto algún capítulo de esa serie de televisión popular llamada *The Apprentice* o no, pero es un programa muy interesante. Por lo general, yo no soy de mirar mucha televisión, porque la considero una enorme pérdida de tiempo. Sin embargo, sí me gustan los programas que revelan muchas cosas interesantes sobre los estilos de personalidad, ¡porque ese es mi tema favorito! Quizás no haya un programa mejor que este para demostrar tan bien cómo algunas personalidades pueden o no pueden trabajar juntos. Gracias a que este programa está basado en el mundo de los negocios, también creo que nos demuestra por qué se pierden millones y millones de dólares cada año debido a una simple razón, es decir, que la gente no sabe cómo llevarse bien unos con otros. Aún más asombroso es que la mayoría de los participantes de este programa se han graduado con honores de universidades muy prestigiosas, y muy pocos de ellos, si es que los hay, demuestran el más mínimo entendimiento sobre los estilos de personalidad. Parece que cada uno de ellos se concentra en sólo dos especialidades, el poder y hacer ruido. Estas dos técnicas funcionan bien en los deportes y en el servicio militar, pero son dinosaurios en el mundo de hoy, tanto en el ámbito de negocios, como en las relaciones familiares y en el crecimiento espiritual.

Volvamos al tema de *The Apprentice*. Cada semana, el equipo ganador recibe un premio especial. La semana pasada, el equipo ganador pudo pasar un tiempo con el ex-alcalde de la ciudad de Nueva York, Rudolph Giulani. (Debido a su perfil alto tras los ataques de 11/9, él se ha convertido en un icono público cuando se habla de liderazgo.) Ocurrió algo durante esa entrevista que captó mi atención. Sobre el escritorio de Rudy había un pequeño letrero que parecía ser del tipo que sería usado para mostrar su nombre y título. Sin embargo, en vez de encontrarme con lo que yo esperaba – Rudolph Giuliani, Alcalde, Ciudad de Nueva York – el letrero simplemente decía: «Yo soy responsable». Tres simples palabras, pero esas tres palabras lo decían todo.

El Sr. Giuliani le explicó a ese grupo de jóvenes interesados en el mundo de negocios que el verdadero liderazgo y el éxito se pueden reducir a ese simple concepto. No sirve de nada tratar de echarle la culpa a otra persona por todos los fracasos, malentendidos y confusiones que ocurren durante cada día de nuestras vidas. Cuando tú cambias tu actitud mental a una que dice: «Este es mi trabajo, mi oportunidad y mi responsabilidad», es sólo tras ese momento que todo comenzará a cambiar.

Mis pensamientos volvieron a centrarse en esa vez que oí a Truett Cathy, el fundador de la cadena de restaurantes Chick-fil-A, hablar con un grupo de jóvenes sobre el éxito. Él dijo: «Si tu trabajo es limpiar los baños, entonces haz que esos baños brillen. Asegúrate de que sean los baños más limpios que uno pueda encontrar. Si esa es tu actitud, no tardarás en recibir una promoción. Tu patrón verá la calidad de tu responsabilidad y no podrá dejarte con esa tarea simple. Así recibirás muchas promociones. ¡La crema siempre sube hasta la cima!»[7] (o sea que la gente buena siempre se destaca o sale adelante).

¿Sabes lo valioso que es ese consejo? ¿Alguna vez te has ubicado en una posición de una verdadera responsabilidad personal... en tu trabajo o en tu familia? ¿Realmente has dejado de culpar a otras personas y decidido que es mejor solucionar el problema tú mismo en vez de dar vueltas quejándote con otras personas? Cuando una persona elije seguir ese consejo, produce un cambio profundo en su vida. Es un cambio de actitud que muy pocos están preparados para aceptar. A mí eso me parece extraño, ya que la otra cara de ese cambio de actitud es la recompensa, la bendición y el éxito.

Por último, no me refiero a ser un adicto del control y el poder. Existen muchas cosas de las cuales tú no eres responsable y sobre las cuales no tienes ningún tipo de control. Yo simplemente me refiero a ser responsable por lo que tengas enfrente hoy mismo. ¿Qué puedes hacer para marcar una pequeña diferencia en tu propia vida, que en cambio, tendrá un efecto en las vidas de otras personas con las cual tú compartes trabajo o un hogar?

Patrick Henry una vez dijo: «No sé qué camino pueden tomar otros, pero en lo que a mí respecta, denme libertad o denme muerte».

En Deuteronomio 30.19 NVI, Moisés presentó un mensaje que Dios le había dado, diciendo: «Hoy pongo al cielo y a la tierra por testigos contra ti, de que te he dado a elegir entre la vida y la muerte, entre la bendición y la maldición. Elige, pues, la vida, para que vivan tú y tus descendientes».

Rudolph Giulani dijo: «Yo soy responsable».

¡Estas tres frases básicamente nos dicen lo mismo! Esta es

una verdad poderosa. ¡Quizás ahora sea un buen momento para que tú decidas qué quieres hacer respecto a este asunto!

Consejo: *Yo soy responsable.*

Memoriza tu poema favorito.

H ace muchos años, cuando yo estaba en la escuela primaria, conocí por primera vez la poesía. Me parecía algo muy aburrido. Era algo demasiado académico. Había mucho que yo no entendía sobre la poesía en ese tiempo. Ahora reconozco que a mí me lo enseñaron más como si fuese una ciencia que un arte. Por ejemplo, recuerdo aprender todo sobre el ritmo, la cadencia, la aliteración y la onomatopeya. (Vaya, ¡es la primera vez que he usado esa palabra en mucho tiempo!)

Después de pasar a la escuela secundaria, tuve una maestra de discursos llamada Julia Elliott. (Ella era la maestra de Griffin, Georgia que ganó un concurso para nombrar a la nueva franquicia de fútbol americano de Atlanta en los años sesenta… los Atlanta Falcons.) Ella fue la que me introdujo a las obras de un tal Rudyard Kipling. Recuerdo la primera vez que leí unos de sus poemas. Para mí, eran algo diferentes. Esa poesía estaba llena de vida, emoción y entusiasmo. Quizás por eso era que me llamaba tanto la atención.

Luego un día ocurrió… leí un poema de Rudyard Kipling titulado «Si».

«*Si*»

Si puedes mantener la cabeza cuando a tu rededor
todos la pierden y te culpan por ello;
Si puedes confiar en ti mismo cuando todos dudan de ti,
Pero aún así tomar en cuenta sus dudas;
Si puedes esperar sin cansarte de la espera;
O siendo blanco de mentiras, no responder con mentiras,
O siendo odiado, no caer en odio;
Y aún así no dártelas de muy bueno ni de muy sabio:

Si puedes soñar — y no hacer de sueños tu maestro;
Si puedes pensar — y no hacer de pensamientos tu objetivo;
Si puedes encontrarte con el triunfo y la derrota,
Y tratar a esos dos impostores exactamente igual;
Si puedes soportar oír la verdad que has dicho,
Tergiversada por villanos para atrapar a necios;
O ver en ruinas las cosas a que dedicaste tu vida,
Y agacharte y reconstruirlas con herramientas desgastadas:

Si puedes hacer un montón con todas tus ganancias
Y arriesgarlas todas en una jugada al azar;
Y perderlas, y remontarte de nuevo a tus comienzos,
Y no dejar que salga de tus labios una queja por tu pérdida.
Si puedes forzar tu corazón y nervios y fibras,
A jugar tu turno mucho después de haberlos agotado;
Y así resistir cuando ya no te queda nada dentro,
Excepto la voluntad que les dice: «¡Resistid!»

Si puedes hablar a las masas y conservar tu virtud,
O caminar con reyes y no perder piso;
Si ni amigos queridos ni enemigos pueden herirte,

Si todos cuentan contigo, pero ninguno demasiado;
Si puedes llenar el inexorable minuto,
Con sesenta valiosos segundos de distancia recorrida,
Tuya es la Tierra y todo lo que hay en ella,
Y —lo que es más— ¡serás un Hombre, hijo mío!

Yo leí ese poema tantas veces que pronto se convirtió en parte de mi vida. Poca idea tenía yo de la cantidad de sabiduría que había dentro de esas pocas líneas. Incluso hasta el día de hoy, a veces me encuentro manejando por la carretera, citando líneas de ese poema. Sin darte un comentario de línea a línea de mi propia experiencia personal, déjame mencionar sólo una cosa: «Si puedes hablar a las masas y conservar tu virtud, o caminar con reyes y no perder piso». Después de todos estos años de dar conferencias, viajes alrededor del mundo, conocer a presidentes, senadores, estrellas del cine mundial, millonarios, etc., yo aún sigo estando agradecido de ser un tipo regular, encontrándose con personas y tratando de mejorar las vidas de las personas. ¡Es así de simple! ¿Y sabes qué? ¡Yo creo que así era Rudyard Kipling también! Aunque yo nunca tuve el placer de conocerlo, él no pudo haber escrito esas palabras sin haber entendido ese concepto.

Déjame animarte a que leas el poema entero y que veas la enorme cantidad de sabiduría que se puede hallar en unas buenas líneas de poesía. ¿Quién sabe? Quizás este sea el que tú quieras memorizar, así como lo hice yo hace tantos años.

Consejo: *Memoriza tu poema favorito.*

Sé creativo con tus habilidades de comunicación.

¿Alguna vez has leído algo tan raro o disparatado que al final acabó teniendo algo de buen juicio? A veces eso es lo que se necesita para captar nuestra atención. Cuando uno siempre dice lo mismo de la misma manera una y otra vez, suele pasar desapercibido por los oídos de las personas. Sin embargo, cuando uno le da un poco de chispa al agregarle algo de humor o gracia, de repente uno puede llamar la atención de las personas y enfatizar un punto que de otra manera hubiera pasado desapercibido.

Ya diré lo que tengo que decir en unas oraciones. Simplemente quería enfatizar que a veces, tomar unos minutos extras para decir algo de manera extraordinaria puede causar que el oyente reciba tu mensaje de una forma fresca y nueva.

Yo recuerdo cuando era joven, mi tío Everett de Pennsylvania venía a visitarnos a Georgia de vez en cuando ¡A él le encantaba el pescado! Así que mi madre (su hermana) siempre iba a comprar un pargo colorado fresco y juntos disfrutábamos de una gran cena. Una noche después de cenar, él le escribió una nota a mi madre expresándole sus gracias: «¡La cena fue nutritiva y deliciosa y me hace sentir ambicioso!» Eso fue hace 40 años y yo aún recuerdo su nota. ¡Mi madre también la recuerda!

Hubiese sido fácil simplemente decir: «Gracias. Esa fue una cena maravillosa». Pero él quería decir algo más que eso. Él quería expresar algo especial. ¡Él quería llamarle la atención a mi madre de una forma que ella entendiera cuánto le había gustado esa cena! Yo creo que él logró su meta.

Todos los que tenemos hijos queremos que ellos aprendan responsabilidad personal. Lamentablemente, a veces resulta difícil comunicarles ese mensaje de forma creativa. Nos acostumbramos a decir la misma cosa una y otra vez. Hace poco, leí un artículo que demostraba cómo se puede decir la misma cosa de una manera mucho más creativa. Quisiera compartirlo contigo.

Esta es la historia de cuatro personas llamadas Todomundo, Alguien, Cualquiera y Nadie. Había un trabajo grande que hacer, así que Todomundo creía que Alguien lo haría. Cualquiera lo pudiera haber hecho, pero Nadie lo hizo. Alguien se enojó por eso, porque era el trabajo de Todomundo. Todomundo pensó que Cualquiera lo podía hacer, pero Nadie se dió cuenta que Todomundo no lo iba a hacer. Resultó que Todomundo le echó la culpa a Alguien cuando Nadie hizo lo que Cualquiera pudiera haber hecho.*

¿Ves a qué me refiero? Decir toda esa información de esa manera es mejor que decir: «Oigan, ¿pueden ustedes comenzar a asumir más responsabilidad por sus acciones?»

Esta semana, toma un poco de tiempo para ser más creativo con tus habilidades de comunicación. Es algo que mejorará los niveles de atención de la gente, ¡y además, es divertido ver las reacciones de las personas cuando oyen la misma información de siempre presentada de una manera nueva y fresca!

Consejo: *Sé creativo con tus habilidades de comunicación*

Concéntrate en preparar, no en reparar.

(Con respecto a cumplir un trabajo)
Nota: Esta es la primera parte de una serie de dos.

Cuando yo era niño, era miembro de los Boy Scouts de América. Participé por unos años, pero con el pasar del tiempo me cansé y dejé de hacerlo. Ahora reconozco que fue una experiencia maravillosa, pero que se concentraba demasiado en las tareas para mi gusto. Ojalá tuviese esa oportunidad otra vez. Ahora que me entiendo mejor a mí mismo, hubiera seguido participando por un rato más. Las personas que yo he conocido que han llegado al rango de Eagle Scout ¡son personas especiales!

El lema de los Boy Scouts es muy simple: «¡Esté preparado!». De niño, ¡yo no tenía la menor idea de lo valioso que iba a ser ese concepto! Como verás, estar preparado te puede ahorrar muchos dolores de cabeza. ¡También te puede hacer mucho dinero! Puede bajar tus niveles de estrés y aumentar en gran manera tu nivel de productividad. Pero aprender a estar siempre preparado toma tiempo. Es tanto un arte como una ciencia. Es algo que la mayoría de nosotros aprendemos mediante ensayo y error.

Cuando enfrentamos cualquier área de la vida con una mentalidad de preparación, algo cambiará en nuestro interior. Tomaremos más cuidado de enfrentar a las situaciones, teniendo en mente el resultado final. Déjame usar un ejemplo simple que ilustrará lo que estoy intentando explicar.

Hace poco, yo le estaba enviando a un amigo mío un paquete por correo. Yo había anotado su dirección, pero había olvidado su código postal. No podía entender por qué me había olvidado de anotar todo menos su código postal. ¿Por qué había tomado tanto tiempo para escribir su dirección completa sin acordarme de anotar su código postal? Pues, tuve que dejar lo que estaba haciendo para buscar su código postal entre todas mis notas y viejos archivos. Cuando por fin lo encontré, lo agregué a mis documentos actuales, para así poder tenerlo para uso en el futuro. Eso se llama «prepararse».

Cuántas veces has tomado el tiempo para pedirle el número de teléfono a alguien para sólo descubrir unos días después que lo necesitas y no lo habías guardado? Cuántas veces has hablado con alguien en servicios al cliente, solucionado tu problema, pero al volver a llamar, te olvidaste del nombre de la persona que te ayudó? A todos nos ha pasado lo mismo.

Cuando tú tienes que dejar de lado todo para solucionar una situación, muchas veces es porque tú aún no has desarrollado una actitud mental de «estar preparado». Una mentalidad de preparación mira hacia el futuro y ve muchas posibilidades diferentes. Ve lo que puede salir bien. También ve todo lo que puede salir mal. Se prepara para lo desconocido. Toma en cuenta varias opciones y trata de hacer que cada situación termine de la mejor manera posible. En otras palabras, es como dice el lema de los Boy Scouts... «¡Esté preparado!»

Esta semana, ¡examina más detenidamente los procesos mentales que tengas o que te hagan falta! Si tú descubres que sueles pasar demasiado tiempo «reparando», quizás el verdadero problema sea que no has desarrollado una mentalidad de «preparar». Una mentalidad de preparación te ayudará, en muchos casos, a eliminar muchos de tus desafíos diarios. Este es un consejo importante que me ha salvado el pellejo en más de una ocasión y hará lo mismo para ti.

Consejo: *Concéntrate en preparar, no en reparar.*

Concéntrate en preparar, no en reparar.

(Con respecto a las relaciones)
Nota: Esta es la segunda parte de una serie de dos.

Todos nos equivocamos. Todos hemos sufrido injusticia de otra persona y cada uno de nosotros ha cometido injusticia a otra persona. Funciona en ambas direcciones. Cuando existe un «mal» en una relación, yo creo que debemos hacer algo para solucionarlo lo más pronto posible.

Cuando nosotros percibimos que hemos ofendido o hecho sufrir a otra persona, yo creo que es nuestro deber hacer todo lo posible para arreglar las cosas. A veces eso implica pedir perdón. Otras veces, quizás implique algún tipo de restitución. En cualquier caso, cuando hemos ofendido a otra persona, ya sea por accidente o con intención, debemos hacer todo lo posible para traer restauración y un desenlace favorable al asunto. Todo esto es lo que llamamos «reparar».

Yo entiendo que a veces las relaciones y las interacciones con otras personas pueden ser frágiles. Es por esto que es necesario ser alegre, positivo y tener todo el cuidado posible cuando uno se relaciona con otros. Así, uno tiene menos necesidad de andar reparando cosas. Si tú «comienzas» una relación con un esfuerzo por mantener abiertas las líneas de comunicación, ¡es probable que no «acabes» en problemas! Todo esto se llama desarrollar una mentalidad de «prepararse».

Hace años, yo tenía un buen amigo llamado Bill Vestal, que me enseñó una lección muy importante sobre este principio de concentrarse en hacer preparaciones en una relación en vez de andar reparando los errores. Un día, Bill y yo estábamos almorzando. Él me dijo lo difícil que a él le resultaba pedirle perdón a alguien cuando él había hecho algo mal. Él me dijo: «Yo detesto completamente tener que acercarme a la persona que he ofendido y ser humilde ante él o ella y pedirle que por favor me perdone». Pero luego él me dijo algo que tuvo un impacto muy grande en mi vida. Él dijo: «Por cierto, esa es una de las motivaciones principales que me ayudan a no ofender o herir a una persona en primer lugar».

Yo estaba un poco confundido, así que le pedí a él que me clarificase lo que quería decir. Él me dijo: «Cuando estoy relacionándome con otras personas, pienso en la posibilidad de ofenderles o herir sus sentimientos. También sé que si lo hago, me sentiré mal en unos días y tendré que volver y arreglar las cosas. Y eso es algo que sinceramente no quiero tener que hacer. Por lo tanto, yo hago un esfuerzo extra para prepararme desde el inicio, para que pueda mantener las cosas bien arregladas de una vez. ¡Así no tendré que andar reparando los daños que he causado después!»

¡Lo pillé! Por fin pude entender a qué se estaba refiriendo. Ese fue el día que cambié mi actitud hacia las personas y las relaciones de «reparar» por una de «preparar». Comencé a redoblar mis esfuerzos para ser más paciente, amable, cariñoso y dispuesto a escuchar, para así evitar tener que pasar tiempo reparando los daños innecesarios. Reitero que aún no he dominado por completo este principio, pero con toda honestidad puedo decir que este concepto ha formado parte de mi manera de pensar por muchos años. ¡Me ha ayudado muchísimo y a ti también te ayudará!

Esta semana, ten cuidado con tus palabras. Ten cuidado con lo que dices y haces con respecto a las otras personas. Recuérdate a ti mismo: «¿Realmente quiero tener que volver a todas las personas que he ofendido y admitir lo grosero que he sido con ellos?» (¡Quizás este pensamiento te motive a mejorar tu comportamiento en primer lugar!)

Yo estaré eternamente agradecido a Bill Vestal por haberme enseñado a entender este principio. A mí me ha ayudado miles de veces, ¡y a ti también te ayudará!

Consejo: *Concéntrate en preparar, no en reparar.*

El éxito en la vida se reduce a dos claves simples.

Seré honesto. Yo soy una persona simple. Ocurren muchas cosas a mi alrededor cada día que pasan desapercibidas. A veces siento como que aún estoy aprendiendo a «conectar los puntos» en muchas situaciones.

A mí me gusta reducir las cosas a su menor denominador común. Así puedo recordar mejor las cosas. Para mi mente tiene mucho más sentido si puedo verdaderamente ver y entender todo lo que está ocurriendo alrededor mío. Estoy aprendiendo todos los días que existen buenas razones por las cuales algunas cosas salen bien. También existen buenas razones por las cuales otras cosas no salen bien.

Últimamente, he estado pensando mucho sobre la vida y cómo funciona todo. He estado hablando con personas a las cuales yo amo y respeto. He estado observando a las personas exitosas que conozco. He estado leyendo libros sobre personas que han marcado una diferencia en la sociedad al ayudar a hacer que el mundo sea un lugar mejor para vivir. He llegado a la conclusión de que el éxito en la vida se debe a dos claves simples: tener una buena actitud y prestarles atención a los detalles.

La primera clave es tener una buena actitud. Esto es más arte que ciencia. Cuando una persona tiene una buena actitud, es una alegría estar a su lado. Aún cuando las cosas no son exactamente como uno quiere, si las personas que te rodean tienen una buena actitud, eso hace que la experiencia que tú estás atravesando sea más fácil y te quita un peso de los hombros. Por otra parte, lo único que se necesita para que todos se sientan frustrados y cansados en cualquier situación es tener de lado a un llorón o un quejón. Proverbios 17.28 NVI nos dice: «Hasta un necio pasa por sabio si guarda silencio». Tener una buena actitud te abrirá muchas puertas de oportunidad.

La segunda clave es prestarles atención a los detalles. Esto es más ciencia que arte. Yo le pregunté a un amigo mío, al cual le había ido muy bien en el mercado de valores, cómo sabía él dónde invertir su dinero. Él me miró y me dijo: «Es muy simple. ¡Abre tus ojos y tus oídos!» Yo no lo pillé. Él luego me explicó que uno simplemente debe observar dónde las personas van de compras, darse cuenta de lo que compran y observar cuáles productos parecen ser populares y útiles. Yo empecé a entender que él les prestaba atención a los detalles para ser exitoso.

Observar los detalles se ha convertido en una parte vital de mi vida. Cualquiera que me conoce muy bien sabe que yo siempre llevo una ficha y un bolígrafo en todo momento para anotar cualquier buena idea o pensamiento útil que se me ocurra. Prestarles atención a los detalles me ha ayudado a evitar hacer los mismos errores por segunda vez. A mi no me molesta equivocarme. Todos somos humanos, y de vez en cuando, todos nos equivocamos. Sin embargo, sí me molesta repetir el mismo error una y otra vez, por el simple hecho de no haber prestado atención a lo que estaba haciendo. Eso es inaceptable. Por lo tanto, he aprendido a no quedar desprevenido, ya sea por no haber tomado el tiempo para repasar una lista, no llamar por adelantado para ponerme al día con detalles, no haber anotado el nombre de la persona que me ha ayudado, o por no haberle prestado atención a algún pequeño detalle que pudiera haberme facilitado o mejorado la vida. De hecho, puedo ser beneficiado por mis pasados errores o los de otras personas.

Esta semana, presta más atención a tu propia actitud y a los detalles que te rodean. El éxito no es un atributo misterioso que anda flotando por la atmósfera y que cae al azar sobre algunas personas pero no sobre otras. ¡Es la recompensa que les llega a las personas que han tenido una buena actitud y les han prestado atención a los detalles! Esta es la verdad. ¡Este consejo te puede llevar hasta la cima del éxito!

Consejo: *El éxito en la vida se reduce a dos claves simples.*

Consejo 33

Tu punto de observación determinará tu manera de ver la vida.

Cuando yo era niño, nuestros vecinos de al lado tenían un árbol gigante en su jardín. ¡A mí me encantaba subirme a ese árbol! En la parte baja del árbol había una bifurcación. Esto hacía que el árbol tuviera dos troncos extendiéndose en dos direcciones diferentes. Un día, yo encontré una piedra que encajaba justo en la horqueta en la parte baja del árbol. Esto facilitaba mucho subirse a ese árbol. En vez de quedar con mi pie atascado en la horqueta cada vez que intentaba subir, ¡ahora podía pisar la superficie plana de esa roca y subir con facilidad!

Cuando por fin llegué a la parte más alta de ese árbol, la vista era envidiable. Desde arriba, yo podía ver a los autos pasar y parecía que el horizonte se extendía por muchas millas. Eso me dio un punto de vista completamente nuevo hacia la vida. Todo me parecía ser tan diferente. Yo sentí una sensación nueva de poder. Yo no sé porqué, a parte de que ahora podía ver cosas desde una perspectiva totalmente nueva. Muchas veces me sentaba en la cima de ese árbol por un largo rato, simplemente observando a las personas que pasaban caminando y gritándoles a los autos que pasaban de largo. Era muy divertido observar a las personas mirando hacia todos lados, buscando ver quién les había dicho: «Hola». Ellos miraron hacia izquierda y hacia derecha, pero muy pocas veces miraron hacia arriba. Me atrevo a decir que cuando uno es niño y no tiene mucho que hacer, a uno le gusta ver a las cosas comunes desde un punto de vista diferente. Subirme a un árbol me ayudó a comenzar a ver el mundo de una manera diferente.

¿Recuerdas esa escena de la película *La sociedad de los poetas muertos* en la cual Robin Williams se paró sobre su escritorio? Sus estudiantes pensaban que él se había vuelto loco. Pero de hecho, él sólo les estaba queriendo enseñar a sus estudiantes a ver las cosas desde una perspectiva diferente o un nuevo punto de vista. Eso no le cayó bien a la escuela y lamentablemente, lo mismo sigue siendo cierto hoy en día en la vida. Esto es porque la mayoría de las personas están muy satisfechas con simplemente vivir sus vidas siempre mirando las cosas de la misma manera de que siempre las han mirado. Ellos miran hacia la izquierda y hacia la derecha, ¡pero muy pocas veces miran hacia arriba! Me atrevo a decir que quizás la mayoría de las personas se olvidan de que alguien en algún momento podría haber subido a un árbol y él o ella ahora goza de ver las cosas desde una perspectiva totalmente nueva. Ellos mismos se han olvidado del gozo de subirse a un árbol y aprender a ver el mundo en una nueva luz.

¿Has oído el cuento del caracol que cruzó la carretera subido a la espalda de una tortuga? Mientras cruzaba la ruta, se lo podía escuchar diciendo: «¡Vivaaaaa!» ¡Él estaba sintiendo la vida desde una perspectiva completamente nueva!

Mientras más años cumplo, más interesante parece ser la vida. Creo que he aprendido más este último año que jamás antes en mi vida. Pero eso lo dije el año anterior también. Supongo que es porque estoy rodeado por tantas personas maravillosas que me ayudan a aprender tantas cosas nuevas. Como yo sé que hay tantas cosas para aprender, yo sigo leyendo libros que me ayudan a ver cosas y aprender cosas que yo antes no entendía. Alguien una vez dijo que si tú sigues aprendiendo, eso mantendrá tu mente más alerta y te ayudará a vivir más años. Si eso es cierto, ¡entonces yo viviré hasta llegar a cumplir unos doscientos años!

Hace poco, fui a visitar a mi madre. Yo estaba caminando por el exterior de su hogar y me encontré acercándome a la casa de su vecino. Yo quería ver ese árbol gigante que acostumbraba a trepar cuando era niño. ¡Quedé asombrado y decepcionado al verlo! El árbol verdaderamente no era tan alto. El árbol no se había achicado. Era sólo que yo había crecido. La roca que yo había puesto en la horqueta hace unos 50 años seguía estando en el mismo lugar. Era un recordatorio de mis aventuras de trepar de hace tantos años. Me fui un poco triste de que ese árbol ya no representaba un gran desafío. Luego me acordé de que sí era un desafío hace muchos años cuando yo era pequeño. Pero ahora que he crecido, ahora tengo desafíos nuevos y diferentes.

Hoy en día sigo escalando cosas, pero ya no son árboles. Ahora mis desafíos se han convertido en entender el mundo de los negocios, las personas, el capitalismo, los tipos de personalidad, el Internet, el comercio electrónico, los principios económicos, las inversiones, los viajes internacionales, la verdad espiritual, crear productos nuevos para ayudar a familias, empezar compañías nuevas, dar discursos de motivación y aprender todo sobre la industria editorial. Es una perspectiva completamente diferente. Es una que para mí es muy pero muy interesante.

Esta semana, comienza a ver las cosas desde una nueva perspectiva. Pregúntate a ti mismo qué información nueva has aprendido que de hecho te ha ayudado en la vida a ser una persona mejor. ¿En cuál área has estado creciendo? ¿Cuál es la última meta que te has propuesto para mejorar tu vida o tu situación? Si tú no piensas en esto, ¿piensas que tu punto de vista algún día va a poder crecer o mejorar? Quizás sólo te hace falta escalar un árbol alto. ¡Quizás no sea una mala idea!

Consejo: *Tu punto de observación determinará tu manera de ver la vida.*

A veces uno se mete en un lío… ¡pero eso está bien!

Una de las experiencias más interesantes de mi vida me ocurrió en Septiembre de 1970. Yo estaba viviendo en Miami, Florida. Una pareja rica que se iba de viaje por una semana entera me pidió que cuidara a sus hijos. Tenían cinco niños, todos con menos de doce años. Yo me iba a quedar en su hogar por toda esa semana. Los padres me dejaron suficiente dinero para encargarme de todas las necesidades de comida para esa semana. Había bastante comida en el refrigerador y el padre también me animó a que llevase a los niños a comer afuera varias veces.

A primera vista, esto me pareció ser una semana muy agradable. Yo estaba en una casa enorme en Miami, Florida, con mucha comida y mucho dinero para disfrutar de la semana. Los niños se comportaban muy bien y yo pensé que todo estaba progresando bien. ¡Y luego ocurrió!

El padre me habló en privado y me dijo que me tenía que informar de unos detalles importantes. Él me explicó que era presidente de un grupo político local. (Hoy yo lo catalogaría como un grupo político ultra conservador de derecha. Yo había oído sobre este grupo, pero no estaba al tanto con sus actividades.) Él luego me explicó que había muchas personas a las cuales él no les caía bien. (Pues, yo no me preocupé mucho por eso, ya que a mí sí me caía bien él y su familia y eso era lo único que me importaba.) Luego, las cosas comenzaron a empeorar de repente. Él me acompañó por toda su casa, mostrándome dónde guardaba todas sus armas de fuego. Me mostró el arma debajo de su cama. Me mostró el arma y una gran cantidad de munición en el armario. Me mostró donde guardaba un arma en la cocina y luego me mostró el arma en la guantera de su vehículo. Yo empecé a sentirme nervioso. Él luego me miró a los ojos y me dijo: «Si alguien secuestra a uno de los niños y exige un dinero de rescate, no le des nada. Sólo déjalos que maten al niño que se han llevado, pero no arriesgues la vida de otro niño». Si tú estás sorprendido por lo que estás leyendo, ¡imagínate lo que yo estaba sintiendo al oír todo esto! Primero pensé que todo era una broma, pero luego me acordé de todas las armas y municiones que él recién me había mostrado.

Basta con decir que esa fue una semana más que interesante. Yo no pude dormir durante toda esa semana. Cada vez que escuchaba el sonido más mínimo, yo estaba por saltar de miedo. ¡Estaba seguro de que eran los secuestradores que venían a llevarse uno de los niños!

Lo único malo que ocurrió durante toda la semana tuvo que ver con una llamada telefónica. Yo contesté el teléfono y alguien me dijo el nombre del individuo que era dueño del hogar en el cual yo estaba. Luego él me dijo: «Quiero saber si él está presente».

Por poco se me paró el corazón. Yo le respondí lo mejor que pude: «Recién acaba de salir por unos minutos. ¿Puedo tomar un mensaje?»

El hombre luego empezó a regañarme a través de la línea, informándome sobre todos los peligros de esa organización política. Yo escuché atento hasta que él terminó de hablar y luego colgó el teléfono bruscamente. ¿Ya mencioné que yo no había podido dormir durante toda la semana? ¡No hace falta decir que esa noche fue especialmente difícil!

Llegó el fin de semana y volvieron los padres a su hogar. Todos estábamos contentos de verles… yo en particular. De hecho, yo la había pasado bien durante la semana… aparte de haber estado hecho un manojo de nervios. Eso fue hace ya más de treinta años, pero yo lo recuerdo como si hubiese sido el día de ayer.

A veces tú te metes en una situación y no sabes con certeza lo que va a ocurrir. Tú te imaginas algo en tu mente, pero acaba siendo algo muy diferente de lo que tú te esperabas. ¿Pero sabes qué? Eso está bien.

Esa fue una de las mejores experiencias de aprendizaje que he tenido en mi vida. Me ayudó a reconocer que aunque alguien te puede caer muy bien, él o ella puede estar involucrado en algo que tú desconoces. Eso no significa que esa persona sea una persona mala. Sólo nos demuestra que todas las personas son diferentes y tienen intereses diferentes. Yo aprendí mucho sobre esta organización ultra conservadora. Había unas personas geniales involucradas en esa organización. ¡También había algunos locos! Pero lo mismo es cierto en las iglesias, en la medicina y en cada otro tipo de organización. Yo llegué a entender también que cuando tú empiezas a hablar sobre la religión o la política, siempre te vas a encontrar con una diferencia de opinión. Pero eso también está bien, porque la política y la religión son dos de las cosas más importantes en nuestras vidas. Todos debemos tener creencias bien pensadas con respecto a la religión y la política.

Yo ahora puedo reflexionar sobre esa experiencia y reírme. Por aquella época no era tan chistoso, pero ahora sí es bastante gracioso.

No te enojes contigo mismo cuando tú te metes en una situación que te acaba sorprendiendo o te toma desprevenido. Esas situaciones pueden resultar ser buenas experiencias para aprender algo valioso y acaban siendo historias que después podrás compartir. ¡Así lo fue en mi caso!

Consejo: *A veces uno se mete en un lío... ¡pero eso está bien!*

Recuerda tus instrucciones para la vida.

Todos somos seres humanos y todos cometemos errores, ¡pero también acertamos en otras cosas! Como tú ya me has oído decir: la vida no es simplemente una experiencia de «si tan sólo hubiera»; también es una experiencia de «la próxima vez». Hace poco, recibí una copia de una lista de instrucciones maravillosas para la vida. ¡Leer estas instrucciones me ha animado a intentar aprovechar mejor mis oportunidades para «la próxima vez»! Hay mucha sabiduría en cada una de estas instrucciones. Esta es una lista maravillosa y quiero compartirla contigo.

«Instrucciones para la vida»

Dale a las personas más de lo que esperan, y hazlo con alegría.

Memoriza tu poema favorito.

No te creas todo lo que oyes.

No gastes todo lo que tienes.

No duermas todo lo que quieras.

Cuando digas: «Te amo», hazlo en serio.

Cuando digas: «Disculpa», mira a esa persona a los ojos.

Comprométete por lo menos seis meses antes de casarte.

Cree en el amor a primera vista.

Nunca te rías de los sueños de otra persona.

Ama profundamente y con pasión. Quizás acabe en dolor, pero es la única manera de vivir la vida por completo.

En las discusiones, discute limpiamente. No uses insultos.

No juzgues a las personas por sus parientes.

Habla despacio, pero piensa con rapidez.Cuando alguien te haga una pregunta que no quieres contestar, sonríe y pregúntale: «¿Por qué quieres saber?»

Recuerda que todo gran amor y todo gran logro implica grandes riesgos.

Llama a tus padres.

Di: «Salud» cuando oyes a alguien estornudar.

Cuando pierdas, no pierdas la lección.

Recuerda las tres erres: respeto por ti mismo; respeto por los demás; responsabilidad por tus acciones.

No dejes que una pequeña disputa le haga daño a una gran amistad.

Cuando te des cuenta que te has equivocado, toma acción inmediata para corregirlo.

Sonríe al contestar el teléfono. La persona que llama lo notará en tu voz.

Cásate con una persona con la cual te encanta hablar. Cuando envejezcas, sus habilidades conversacionales serán tan importantes como cualquier otro factor en tu matrimonio.

Pasa tiempo a solas.

Ábrele los brazos al cambio, pero no dejes atrás tus valores.

Recuerda que a veces el silencio es la mejor respuesta.

Lee más libros y mira menos televisión.

Vive una vida buena y honrada. Así cuando envejezcas y reflexiones sobre tu vida, la disfrutarás una vez más.

Confía en Dios, pero cierra tu auto.

Una atmósfera de amor en tu hogar es tan importante. Haz todo lo que puedas para crear un hogar tranquilo y lleno de armonía.

En discusiones con seres amados, encárgate de las situaciones pendientes. No menciones cosas del pasado.

Lee entre líneas.

Comparte tus conocimientos. Es una manera de obtener la inmortalidad.

Se suave con la tierra.

Ora. Hay un poder sin igual en la oración.

Nunca interrumpas a alguien cuando te están elogiando. Di: «Gracias».

Ocúpate de tus propios asuntos.

No confíes en una persona que no cierra sus ojos al besarte.

Una vez al año, ve a algún lugar que jamás has visitado.

Si ganas mucho dinero, úsalo para ayudar a los demás mientras vives. Esa es la satisfacción más grande que la riqueza puede brindar.

Recuerda que no recibir lo que uno quiere, a veces es un golpe de suerte.

Aprende las reglas, y luego quiébralas un poco.

Recuerda que la mejor relación es aquella en la cual el amor entre sí es más grande que cualquier necesidad que uno tenga por el otro.

*Juzga tu éxito según lo que hayas tenido que sacrificar
para obtenerlo.*

Recuerda que tu carácter es tu destino.

Ama y cocina con absoluto derroche.

Autor desconocido.

Espero que esta lista sea tan importante para ti como lo ha sido para mí. Yo quisiera animarte a que fijes una copia de ella en algún lugar visible y practiques estas sugerencias. Vale la pena practicar estas instrucciones cada día de nuestra vida. ¿No estás de acuerdo?

Consejo: *Recuerda tus instrucciones para la vida.*

Toma cuidado de tu salud.

¡Yo nunca me enfermo! Acostumbro comer comidas bastante saludables. Descanso bien cada noche. Tomo mucha agua. Hago suficiente ejercicio todos los días. Como si fuera poco, también vivo mi vida según la clave secreta que me dio mi padre hace muchos años: «Si mantienes tu pelo seco y tus pies calientes, ¡nunca te enfermarás!» De todas las verdades que conozco, ¡esa es una de las piezas de sabiduría más importantes que yo tengo!

Sin embargo, a pesar de todo esto, la semana pasada yo me enfermé. Habré recogido un «bicho» en algún lugar. Ha sido tanto tiempo desde la última vez que yo siquiera me sentí mal que me había olvidado lo importante que es mi salud para mí. Quiero decirte que cuando tú te enfermas, ¡eso afecta todo! La comida no sabe igual. Perdí mi apetito por completo. Dormí muy mal. Me acostaba a la noche pensando que iba a dormir toda la noche y en dos horas, ¡estaba despierto! Incluso con mi medicación, mi cuerpo estaba fuera de ritmo, así que me estaba acostando y levantando durante toda la noche.

Un amigo mío médico me recetó un antibiótico fuerte y eso empezó a ayudarme. Pero luego mi hija Elizabeth me advirtió que los antibióticos matan a todas las bacterias en el cuerpo, tanto las buenas como las malas. Por lo tanto, ella me sugirió que comiese yogur para reemplazar las bacterias buenas. ¿Alguna vez he mencionado cuánto detesto el yogur? ¡Pienso que preferiría quedarme enfermo!

La medicina por fin comenzó a hacer su trabajo. Fue entonces cuando se bajó la fiebre. ¡De repente estaba completamente mojado! Yo sabía que a menos que cambiara la ropa, me iba a enfermar aún peor. Me tuve que cambiar la ropa una y otra vez entre baños.

También me había olvidado de que cuando uno se enferma, uno no siente mucha motivación para afeitarse o mantenerse limpio. Después de tres o cuatro días, mi apariencia comenzó a lucir bastante «sucia». Pero me sentía tan mal que no tenía ninguna motivación para mejorar mi apariencia.

Por fin comencé a recuperarme y volví a sentirme como un ser humano. Mi sueño volvió más dulce. Volvió mi apetito. El color también volvió a aparecer en mi rostro. Me bañé y me afeité, y la vida iba volviendo a lo normal. Comencé a recuperar mi entusiasmo por la vida y empecé a apreciar más la buena salud. Decidí que nunca más daré por sentado la buena salud como lo hacía antes. También obtuve una compasión renovada por las otras personas que están enfermas. La humildad le ha hecho bien a mi alma.

Si hace ya mucho tiempo desde la última vez que has estado enfermo, yo quiero animarte a que uses este consejo como una «llamada de atención» para que vuelvas a concentrarte en lo valioso que es la salud y lo importante que es tener compasión por los enfermos.

Una cosa más: durante los meses de invierno, ten un poco más cuidado con el tema de abrazar y darle la mano a los que están enfermos. Presta un poco más atención a tu medio ambiente para que no tengas demasiado frío o calor. Y por supuesto, sobre todo lo demás, recuerda: «Mantén tu pelo seco y tus pies calientes, ¡y nunca te enfermarás!» ¡O por lo menos no te enfermarás tan a menudo!

Consejo: *Toma cuidado de tu salud.*

Usa el mapa de porcentajes.

Alguien dijo una vez que la vida es una jornada. Cualquiera que ha vivido una cierta cantidad de tiempo estaría de acuerdo con ese dicho.

Ninguno de nosotros tenemos un mapa vial organizado que podamos seguir día a día. Todos tomamos un rumbo que más o menos toma la forma de un «zigzag». Pero de hecho, esto es parte del plan de nuestro Creador. Es por medio de esas curvas en nuestra vida que aprendemos las lecciones específicas que nos ayudan a hacer que la jornada de nuestra vida sea un éxito.

Para mí es muy interesante lo que nos dice la Biblia en Santiago 4.14 NVI: «¡Y eso que ni siquiera saben qué sucederá mañana! ¿Qué es su vida? Ustedes son como la niebla, que aparece por un momento y luego se desvanece». Esas palabras sabias fueron escritas hace más de 2000 años. Sin embargo, siguen siendo igual de válidas hoy en día.

Hace poco, mientras estaba en un salón de clase de una escuela secundaria, descubrí una «Gráfica de Porcentajes de Actitud», y vi un letrero en la pared que preguntaba: «¿En cuál porcentaje estás hoy?» (Esta gráfica de porcentajes mide tu actitud hacia cualquier cosa que vayas a hacer). La gráfica mostraba una lista de los porcentajes siguientes:

Gráfica de Porcentajes de Actitud
0% - No lo haré.

10% - No puedo hacerlo.

20% - No sé cómo hacerlo.

30% - Ojalá pudiese hacerlo.

40% - ¿Qué es? (Ahora estás más dispuesto)

50% - Creo que quizás lo puedo hacer.

60% - Quizás lo haga.

70% - Creo que lo puedo hacer.

80% - Lo puedo hacer.

90% - Lo voy a hacer.

100% - ¡Lo hice!

Mientras repasaba esta lista de porcentajes, me di cuenta de que estaba leyendo algo verdaderamente sabio. Alguien tuvo que tomarse el tiempo para evaluar las actitudes como notas de progreso hacia el éxito que uno necesitaría alcanzar para asegurarse de realizar una tarea hasta cada nivel de porcentaje.

Yo reconozco que estos porcentajes pueden ser usados en una variedad de aplicaciones. Todos somos más capaces en ciertas cosas que otros. Y por supuesto que nuestro estilo de personalidad individual nos hace sentir más atraídos a algunas actividades que a otras. De todos modos, comencé a darme cuenta de que yo estaba ante la presencia de una especie de mapa vial que me podía llevar desde donde estaba en una situación particular hacia donde yo necesitaba estar.

Han sido muchas las veces en las cual yo he empezado con una actitud que decía: «No lo haré» o: «No puedo hacerlo» y al final tuve una actitud que proclamaba: «Yo puedo hacerlo» o:«Lo haré». Cualquiera de esas dos últimas actitudes me posicionarán para trasladarme hacia un: «¡Lo hice!»

Quisiera sugerirte que imprimas una copia de la gráfica de porcentajes y la fijes en tu refrigerador de casa o en la pizarra de anuncios de tu trabajo. Observa a las personas mientras la leen y reflexionan sobre su actitud hacia sus responsabilidades personales.

Aunque ninguno de nosotros tengamos un mapa vial personal para nuestras vidas, esta gráfica nos puede ayudar a lo largo de nuestro viaje, llevándonos desde un punto hacia otro. Recuerda usar este mapa de porcentajes. ¡Te ayudará a llegar a donde tú quieres ir! ¡Ojalá que este mapa te sea de mucha ayuda durante esta jornada que llamamos la vida!

Consejo: *Usa el mapa de porcentajes.*

Toma la prueba, ¡para ver si eres un sabio o un tonto!

Todos queremos ser sabios. No creo que alguna vez en mi vida haya conocido a una persona que a propósito quiso ser tonta. Después de todo, ser tonto es algo extremadamente doloroso. Le hace daño a las relaciones, a las finanzas, a la salud y también a casi toda otra área de la vida.

Yo he descubierto una prueba rápida que tú puedes tomar para descubrir si eres una persona sabia o tonta. ¡Pensé que quizás te gustaría intentarla!

Según Proverbios 9.8 NVI, podemos decir: «No reprendas al insolente, no sea que acabe por odiarte; reprende al sabio, y te amará». ¿Pues, cuál de esos dos eres tú? ¿Cómo respondes a las palabras de sabiduría? ¡Esa es la pregunta millonaria, queridos amigos!

Si amas recibir instrucción, información o buenas ideas de los demás, y tampoco resistes cuando alguien intenta corregirte o incluso reprenderte cuando estás equivocado (o incluso cuando estés acertado), entonces tú eres una persona sabia.

Por oro lado, si a ti no te gusta que nadie te diga qué hacer, si eres un «sabelotodo» o si resistes cuando alguien te reprime (bien sea que esa persona lo haga de forma correcta o no), ¡entonces podemos decir con bastante seguridad que eres una persona tonta!

Pero espera – la prueba aún no ha acabado. Cómo puedes saber cómo has reaccionado? Estoy seguro de que todos diríamos que pertenecemos a la primera categoría y no a la segunda. Así que aquí está el resto de la hoja de respuestas.

Si tú de hecho «recibes» lo que te han dicho y cambias tu comportamiento, entonces tú has pasado la prueba. Si «rechazas» lo que te han dicho y sigues sin cambiar tu comportamiento inaceptable, entonces has fallado la prueba.

Dentro de nuestro corazón hay una perilla de «amor y odio». Amamos algunas cosas; algunas otras las odiamos. Yo amo el espagueti; yo odio el quimbombó hervido. Amo el clima caliente; odio el clima frío. Amo la libertad; odio la esclavitud. Amo el capitalismo; odio el socialismo. (Yo sé que uno no debe «odiar». No estoy hablando de «delitos de odio». ¡Me estoy refiriendo a esas cosas que realmente nos encantan y a esas que detestamos de todo corazón!

Justo esta semana yo estaba hablando con un amigo. No fue una conversación fácil, pero sí era una muy necesaria. Él podía haber respondido de cualquiera de estas dos maneras. Pareció que él prestó atención, pero uno nunca sabe como alguien responderá. El día siguiente, él me llamó por teléfono para darme las gracias por nuestra conversación. Eso es a lo que yo me estoy refiriendo. Esta era la prueba de que él era un hombre sabio.

Comienza a prestar más atención a cómo tú respondes o

reaccionas ante las palabras de sabiduría que otros te ofrecen. Recuerda que no me estoy refiriendo a palabras llenas de estupidez. Si alguien te aconseja que vayas a robar un banco, yo buscaría consejos en otro lugar. Pero si alguien te advierte de que tú tienes una actitud pesada o amarga, eso ya es otra cosa. Quizás quieras darle más consideración a eso. Y recuerda no culpar a la persona que está reprimiendo, aún si no lo hace de manera correcta. Tú sólo eres responsable por ti mismo y tus propias respuestas.

Yo he aprendido a ver el poder de tener amigos que pueden ver cosas en tu vida que tú no puedes percibir. Yo soy una persona mejor hoy gracias a las heridas fieles que he aprendido a recibir de otras personas. Tú lo serás también.

Consejo: *Toma la prueba, ¡para ver si eres un sabio o un tonto!*

Vuelve a revisar tu plan de respaldo.

De vez en cuando, todos formulamos un plan de respaldo. Es parte de la vida y es inteligente hacerlo. Por ejemplo, la mayoría de nosotros tenemos un neumático auxiliar en la cajuela de nuestro auto. Nadie se despierta en la mañana esperando tener una llanta pinchada, pero es sabio tener una de auxilio, por si alguna vez sea necesaria. Una llanta de auxilio es una idea tan buena que ya es una característica estándar en cada vehículo nuevo. Sin embargo, estoy seguro de que los primeros automóviles no traían una llanta de auxilio. Alguien tuvo que haberse metido en problemas antes de darse cuenta de que tener una llanta de auxilio sería una buena idea.

La semana pasada, nuestro diseñador gráfico Pedro González estuvo en una situación rara. Su esposa Lisa se llevó al trabajo las llaves de su auto sin querer. Bueno, eso no resultó ser un problema, ya que Pedro tenía una llave extra para su auto que había ordenado de antemano. Había una sola cosilla que él se olvidó de revisar de antemano. Él nunca había probado la llave a ver si funcionaba o no. Cuando él se subió a su auto y quiso encenderlo, la llave no encajaba. La llave era defectuosa.

Debido a que él no la había probado antes de usar, él no se enteró de antemano que su plan de respaldo no iba a funcionar.

Cuando él llegó a la oficina, me miró y me dijo: «Tengo un consejo nuevo para ti. Vuelve a revisar tu plan de respaldo de antemano para comprobar que funciona».

Hace años, yo leí un artículo sobre una familia en cuyo hogar se produjo un incendio. Ellos habían comprado una escalera para el segundo piso de su casa, en caso de que fuera necesario escaparse de un fuego. Habían formulado un plan e incluso habían establecido un método para proteger sus vidas. Lamentablemente, cuando llegó el momento para usar la escalera y la extendieron y colgaron de la ventana, descubrieron que desde el segundo piso era demasiado corta; faltaba tres metros para extender hasta el suelo. La familia no tuvo otra opción que usar la escalera, que por cierto les salvó las vidas, pero todos sufrieron golpes en las piernas al tener que caer los últimos tres metros hasta el suelo. Lo bueno fue que tuvieron un plan de escape – lo malo fue que no lo habían revisado de antemano para comprobar si funcionaba.

Volviendo a la idea de la llanta auxiliar, yo quisiera contarte una historia más. Hace años, mi padre y yo estábamos comprando un auto. Ese auto tenía llantas de bandas blancas dobles. Era un diseño bastante raro. Antes de efectuar la compra final, mi padre me pidió que averiguara si en la parte inferior del auto había una llanta auxiliar. Yo estaba bien vestido y no tenía ganas de agacharme y ensuciar mi ropa. Miré a mi padre y le dije: «Estoy seguro de que ahí abajo hay una llanta auxiliar».

El vendedor, un hombre llamado Barney, nos miró a ambos y dijo: «Si, estoy seguro de que ahí abajo hay una llanta auxiliar».

Mi padre me miró con esa mirada de siempre y me hizo una sola pregunta: «Robert, ¿qué te costaría mirar por debajo y volver a revisar?»

¡Debo admitir que él tenía toda la razón! No me iba a costar nada comprobar si había una llanta auxiliar o no. Así que coloqué una hoja de papel en el suelo, me hice de rodillas y eché un vistazo... y vi que no había ninguna llanta. Quedé sorprendido y Barney también.

Mi padre le dijo a Barney que no íbamos a comprar el vehículo a menos que él pudiera conseguir otra llanta de auxilio similar a las demás. Él buscó por todas partes de su negocio y no pudo encontrar otra llanta similar, así que nos fuimos sin el vehículo. Desde entonces, yo siempre vuelvo a repasar mi plan de respaldo para comprobar si en realidad funciona, porque: «No cuesta nada volver a revisar».

Esta semana, piensa sobre tus planes de respaldo y asegúrate de que los has revisado para ver si en realidad funcionan. Quizás quedarás sorprendido al descubrir que no funcionan. Ojalá quedes sorprendido porque sí funcionan. En fin, ¡de eso se trata este consejo!

Consejo: *Vuelve a revisar tu plan de respaldo.*

Consejo 40

No confundas los principios con la personalidad.

Vivimos en un mundo impulsado por las personalidades. Mientras más popular, más rica o más conocida sea una persona, más probable será que él o ella pueda hacer lo que quiera e irse de rositas. Sin embargo, también te puede funcionar en contra. Si no le caes bien a la gente, o si te envidian, ellos pueden ponerse en contra de tu personalidad y causarte serios problemas.

¿Y tú que piensas? ¿Piensas que las personas todavía hacen sus decisiones según sus principios o según lo que más le convenga, tomando en cuenta sus circunstancias y su personalidad?

La mayoría de ustedes saben que a mí me encanta la información de personalidades. Es algo que ocupa una gran parte de mi tiempo y mi vida. Por lo tanto, debido a que siempre ocupa un lugar principal en mi mente, a veces veo a otros usarla de una manera poco saludable. ¿Quién entre nosotros no ha escuchado en algún momento a alguien decir: «Bueno, ¡es que así soy yo!» Qué manera triste de vivir la vida.

En mi opinión, yo no creo que Abraham Lincoln podría haber

sido elegido a la presidencia hoy en día. Él operaba su vida política sobre una base de distinguir entre el bien y el mal, no sobre su estilo de personalidad. Él no se despertaba cada mañana, encendía su televisor, y luego decidía cómo tomar decisiones populares que agradaran a todos.

Cada uno de nosotros vive su vida según un estándar de conducta, moralidad o un código de ética. Quizás sea algo tan simple como los Diez Mandamientos. (Me gusta lo que Ted Koppel supo decir sobre los Diez Mandamientos: «Lo que Moisés trajo del monte Sinaí no eran las Diez Sugerencias... eran Mandamientos».)[8] Cualquiera sean las leyes, regulaciones o reglas que tú usas para regular tu vida se convierten en tus principios. Si tú vives tu vida basándote en lo que hoy te conviene entonces no tienes principios... y eso es algo malo para ti. Lo único que te queda entonces es tu personalidad.

Debo reiterar que a mí me encantan las personalidades, pero sólo cuando están acompañadas por buenos principios. Si no, tu personalidad vale muy poco.

Algunos de ustedes ya me han oído decir esto antes...

«D» ¿Qué resulta cuando tienes un tipo **«D»** descontrolado y sin principios?
La respuesta es Saddam Hussein o Adolf Hitler.
¿Qué resulta cuando tienes un tipo **«D»** bajo control y con principios?
La respuesta es Colin Powell o George W. Bush.

«I» ¿Qué resulta cuando tienes un tipo **«I»** fuera de control?
La respuesta es Chris Farley o Elvis Presley.
¿Qué resulta cuando tienes un tipo **«I»** bajo control?
La respuesta es Bill Cosby u Oprah Winfrey.

«S»   ¿Qué resulta cuando tienes un tipo **«S»** fuera de control?
La respuesta es Magic Johnson en sus días de locuras.
¿Qué resulta cuando tienes un tipo **«S»** bajo control?
La respuesta es una Madre Teresa o Dr. Martin Luther King, Jr.

«C»   ¿Qué resulta cuando tienes un tipo **«C»** fuera de control?
La respuesta es Martha Stewart o Dr. Carl Sagan.
¿Qué resulta cuando tienes un tipo **«C»** bajo control?
La respuesta es Bill Gates o Tom Landry.

Como hemos visto antes, ¡todo esto tiene que ver con el asunto de los principios! Es algo tan simple. Es fácil de ver… y fácil de perder de vista.

Esta semana, ¿por qué no revisas el conjunto de normas que sigues, tu código de conducta o tus principios, para ver como te está yendo? Quizá sea tiempo de ajustar tus principios para que tengan la misma importancia que tu personalidad.

Consejo: *No confundas los principios con la personalidad.*

Ten cuidado con las personas que critican y minimizan a aquellos que se atreven a visualizar, energizar y maximizar una empresa.

¿Vaya trabalenguas, no? Pero lo cierto es que hay mucha verdad en esas palabras.

Todos hemos conocido a personas que nos han animado a esforzarnos más en nuestras vidas para seguir adelante cuando las cosas parecían complicarse, para que no nos diésemos por vencidos sino que esperáramos un futuro más brillante. También hemos conocido a esas personas que nos han desalentado en todo lo que hemos intentado hacer, tirando baldes de agua fría sobre nuestros sueños, haciéndonos la vida imposible al fastidiarnos sobre cualquier cosa o sembrando una imagen oscura acerca de nuestro futuro.

Es difícil admitirlo, pero a veces nosotros mismos hemos

sido los que hemos desanimado a otra persona. Es una cosa cuando otra persona está llena de pesimismo. Ya es algo diferente cuando somos nosotros los que actuamos de esa manera hacia los demás.

Cuando yo era estudiante de postgrado, tenía un profesor que era un verdadero genio. Él no sólo nos enseñó mucha información útil y práctica, sino que también nos enseñó a pensar por nosotros mismos. Él nos reveló la clave para saber de quién debemos aceptar consejos y también a quién no escuchar cuando nos ofrecen consejos.

Él usó la siguiente ilustración. Él nos dijo: «Si tú estás corriendo vueltas en la pista y alguien en las gradas comienza a gritarte cosas, diciéndote todas las cosas que estás haciendo mal, sólo ignóralo. Siempre habrá personas llenas de consejos malos y opiniones malas por donde quiera que vayas. Si, al contrario, tú estás corriendo sobre esa pista y alguien está corriendo a tu lado, y él está transpirando y aguantando dolor y esforzándose para cumplir su propio régimen de ejercicio y te ofrece un consejo, quizás sea una buena idea prestarle atención. ¿Por qué? Porque él está «contigo» en el esfuerzo y la experiencia. Él ha puesto su tiempo y su «aporte». Quizás uno puede decir que él: «Se ha ganado el derecho de ser escuchado»».

A mí me asombra que la mayoría de las personas no entienden ese concepto en su totalidad. Hasta que tú hayas compartido la situación de otra persona, o hasta que tú hayas «caminado una milla» en sus zapatos, tú tienes poco que le puedas ofrecer a esa persona. Pero cuando tú has hecho ese esfuerzo y hayas pagado ese mismo precio y te hayas seguido comprometido a una tarea y hayas quedado parte de un equipo aún cuando las cosas parecían ir de mal en peor, entonces tú sí has ganado el derecho de ser escuchado.

Yo una vez oí a un hombre criticar a su iglesia – al pastor, a la maestra de escuela bíblica, al programa de jóvenes y al pedido de ofrendas. Él no estaba conforme con ninguna parte de su iglesia. Yo lo conocía personalmente y sabía que él no estaba involucrado en ninguna área de la iglesia. Mientras él hablaba, ¡yo podía visualizarlo gritándoles desde las gradas a todos los que pasaban corriendo delante de él! Si él se hubiera comprometido profundamente con su iglesia, quizás él pudiera haber sido la persona que les hubiera ayudado a hacer una diferencia. Si él se hubiera involucrado en varios aspectos de la vida de su iglesia, quizás él pudiera haber sido él que hubiera guiado a la iglesia por un camino nuevo o mejor. Lamentablemente, yo sabía que él no se había ganado el derecho de ser escuchado, debido a su falta de compromiso y participación. ¡A él sólo lo deben ignorar!

Lo mismo es cierto en el mundo de los negocios. Todos te pueden decir como manejar mejor un negocio hasta que él o ella tiene que manejar uno también. Yo he aprendido esta lección de la manera difícil. Yo antes acostumbraba tener un consejo o una sugerencia para cada ocasión. Ahora, yo he aprendido que hasta que yo no haya invertido el tiempo, esfuerzo o energía en un proyecto, no me he ganado el derecho ni de hablar sobre el tema, ¡ni mucho menos de ser escuchado por los demás!

Esta semana, asume el compromiso de ser un animador, no un crítico. Es tan fácil ver lo negativo. Cuesta más trabajo buscar y encontrar lo bueno, lo puro y lo positivo. Elige ser él que sobresale del montón y está dispuesto a ayudar a las personas a cumplir sus sueños y metas. Yo he descubierto que cuando tú haces esto, ¡al final también te ayudará a cumplir tus propios objetivos, metas y sueños!

Consejo: Ten cuidado con las personas que critican y minimizan a aquellos que se atreven a visualizar, energizar y maximizar una empresa.

¡Juega como un campeón hoy!

H ace unas semanas, yo vi un especial de televisión sobre el programa de fútbol norteamericano de Notre Dame. El departamento atlético, junto con varios socios de empresas de prestigio, organizaron un «Campamento Soñado» para hombres mayores que nunca tuvieron la oportunidad de jugar fútbol para Notre Dame. La mayoría de estos individuos ahora son hombres de negocios de mucho éxito que han optado por vivir su sueño de sentir lo que hubiera sido jugar fútbol para Notre Dame.

A todos los vistieron con uniformes auténticos en el vestuario de Notre Dame, ¡y tuvieron la oportunidad de pisar el campo real de South Bend, Indiana, hacer todos los ejercicios de los jugadores y mucho más! ¡Fue algo realmente increíble! A muchos de estos hombres se les caían las lágrimas mientras imaginaban lo que se hubiese sentido al formar parte del equipo de los «irlandeses luchadores» más temprano en sus vidas.

Mientras yo miraba ese programa de televisión, una cosa en particular me llamó la atención. Cuando los jugadores salían del vestuario, había un cartel enorme detrás de la puerta que todos los jugadores podían ver. Escrito en la pared con letras grandes estaba el lema, que decía: «¡Juega como un campeón hoy!» A los hombres les dijeron que cada jugador que sale de ese vestuario debe tocar ese cartel antes de salir al campo de juego. A los jugadores les explicaron que su tiempo sobre ese campo iba a ser limitado, así que ellos debían concentrarse en jugar como campeones por esas pocas horas. De esta manera, cada uno de ellos podía prepararse mejor para el próximo partido.

Al ver esto, yo pensé: «Qué buena filosofía o estado mental eso le ha puesto en la mente de cada jugador». La práctica de fútbol fue dura y extenuante, pero no duró para siempre sino sólo unas horas. Si cada jugador podía acostumbrarse a dar lo mejor de sí y esforzarse al máximo en cada práctica, entonces él le sacaría el máximo provecho de esa experiencia. Pero si al contrario él sólo le daba un esfuerzo a medias cuando salió a practicar, él se estaría preparando para el fracaso cuando llegase el momento de jugar en serio.

Yo creo que la vida es muy similar a eso. Cada uno de nosotros tiene la misma cantidad de tiempo a nuestra disposición cada día. Si nos esforzamos cuando es tiempo de trabajar, nos estamos preparando para tener éxito y ganar. Sin embargo, si sólo le damos un esfuerzo a medias a nuestro trabajo, a nuestras relaciones o a nuestras iniciativas, entonces simplemente nos estamos encaminando al fracaso a largo plazo.

La mayoría de los desafíos que enfrentamos duran sólo unas horas. Por supuesto que algunos duran más que eso. Sin embargo, he descubierto que si yo me concentro en darle toda mi atención a una situación y me pongo a trabajar sobre ella con diligencia por unas cuantas horas, de repente todo comienza a resolverse. Primero es un sentimiento apabullante, pero al final, se siente como una gran recompensa.

Esta semana, comienza a desarrollar un estado mental como el de Notre Dame. Parece que a ellos les ha funcionado bien por tantos años. Quizás pueda hacer lo mismo contigo. Quizás tú lo puedas escribir en una ficha, ¡y guardarlo en algún lugar accesible para hacerte recordar una filosofía y un estilo de vida que es difícil de conquistar!

Consejo: ¡Juega como un campeón hoy!

Cuando sabes mejor lo que conviene, mejor harás las cosas.

Cada uno de nosotros nos hemos equivocado. Algunos errores se pagan más caros que otros. El Dr. W.A. Criswell, que fue pastor de la iglesia First Baptist Church de Dallas, Texas, acostumbraba decir: «Tú puedes cometer muchos errores pequeños y todo estará bien. ¡Pero con sólo uno o dos errores grandes puedes arruinarte la vida!»

¿Alguna vez te has puesto a pensar por qué cometemos errores y qué podemos hacer para evitarlos? Por lo general, yo no creo que cometemos errores a propósito. ¿Qué razón hay para que alguien vaya a cometer un error garrafal a propósito que le pueda pasar la factura o hacer sufrir en el futuro? La razón por la cual tú hiciste esa decisión es porque en ese momento, ¡parecía ser la opción más sabia a tu disposición! Como alguien una vez supo decir: «Tú hiciste lo que hiciste en ese momento porque era lo único que sabías hacer. Si hubieras sabido mejor lo que convenía, ¡lo podrías haber hecho mejor!»

Yo creo que las tres áreas en las cuales tú y yo sufrimos nuestros peores errores de juicio tienen que ver con Dios, el dinero y las relaciones. Cuando se trata de Dios, tú descubrirás que ese siempre será un tema candente. Esta semana, yo escuché a Paul Harvey hablar sobre la radio, diciendo que en este preciso momento, hay 40 guerras o conflictos en curso alrededor del mundo. En cada uno de ellos está involucrada la religión. Yo te sugiero encarecidamente que averigües bien cuáles son tus convicciones espirituales. Después de todo, ¡tú estarás muerto mucho más tiempo de lo que estarás vivo!

Cuando se trata de dinero, casi siempre se deja de lado toda la razón. Sólo basta con leer el periódico o mirar las noticias financieras en la televisión y verás que una parte de los expertos dicen que es un mercado alcista, y la otra parte dirá que es un mercado en baja. La única verdad… es que nadie sabe. La única certeza es que el mercado subirá y bajará. Eso sí te lo puedo asegurar. Yo he descubierto que es mejor trabajar con personas estables que no basan sus decisiones sobre los rumores, las corazonadas, los gráficos pasados o los consejos de un buen amigo.

Por último, el área de las relaciones es en la cual todos necesitamos ayuda. El matrimonio, los hijos y la vida en general no suelen venir con muchas instrucciones de uso. Alguien una vez observó con mucha astucia que las relaciones son el motivo de nuestras alegrías más grandes y nuestros peores dolores. Yo creo que la clave de la vida es aprender a tener buenas relaciones con las otras personas.

¿Cómo contestarías tú esta siguiente pregunta: «¿Si tú pudieras volver a tomar una decisión mayor en tu vida, lo harías?» Yo estoy seguro de que la respuesta es: «¡Sí!» Yo también estoy seguro de que esa decisión tendría algo que ver con una de estas tres categorías: Dios, dinero o relaciones. No te castigues. Aprende de tus errores y hazlo mejor la próxima vez. La vida es una jornada larga. Mientras más sabias sean nuestras decisiones, mejor será nuestra vida.

Esta semana, busca la sabiduría de las personas mayores e inteligentes. Busca gente que está donde a ti te gustaría estar y pregúntales cómo hicieron para llegar allí. ¡No depende de ti hacer todos los errores! También puedes aprender de los errores de los demás.

Consejo: *Cuando sabes mejor lo que conviene, mejor harás las cosas.*

Aprende a disfrutar cada día aunque no tengas todo bajo tu control.

A mí me gusta ser una persona productiva. Todas las personas exitosas que yo he conocido han tenido una cosa en común: aprovecharon bien su tiempo. Debido a que el tiempo es algo importante para mí, a lo largo de los años, he desarrollado un hábito de anotar citas buenas que tienen que ver con el tiempo.

Por ejemplo:

> *«Se una persona que «lo hace ahora». ¡Lo primero es lo primero!*
> *No dejes que crezca el césped debajo de tus pies».*
>
> *Dr. Arlin Horton*

> *«¡Un día de hoy vale dos mañanas!»*
>
> *Benjamin Franklin*

«*El tiempo hace más conversos que la razón*».

Thomas Paine

«*El tiempo perdido jamás lo volveremos a encontrar*».

Benjamin Franklin

«*Todos los problemas de la vida se pueden resumir en dos palabras: «Demasiado tarde»*».

General Douglas MacArthur

Todas estas citas son buenas y hay valor en cada una de ellas. El desafío mío llega cuando estoy en pleno proceso de intentar usar mi tiempo de la mejor manera posible, realizando alguna tarea, y de repente todo comienza a desmoronarse a mi alrededor. Aparecen las interrupciones, suena el teléfono, alguien viene a visitarme sin avisar, el auto comienza a fallar, alguien se enferma, el clima cambia de repente, etc. Ya ves a qué me refiero.

En sólo un instante, todo ha cambiado y en vez de tener todo bajo mi control y andando sin problemas, las cosas comienzan a derrumbarse. Cuando eso ocurre, he visto cómo también se desmorona mi gozo. Yo no quiero ser así. Quiero que mi gozo quede intacto aún en medio de las circunstancias difíciles. Simplemente estoy agradecido de que reconozco el problema y quiero hacer algo al respecto.

Estas son algunas de las cosas que yo he comenzado a hacer para corregir esta situación:

1. Respirar bien hondo. Eso parece que le manda más oxígeno a mi cerebro y me ayuda a mantenerme atento y concentrado.

2. Hablar en tonos más bajos. Eso parece que ayuda a que la situación no siga empeorando.

3. Observar bien lo que realmente está ocurriendo para poder aprender y crecer en medio de esta situación. ¡Mi problema quizás sea una oportunidad increíble para prosperar, intentando llamarme la atención!

4. Guardar el silencio. Cuando estoy bajo mucho estrés, estoy tentado a decir algo fuera de tono. Así me doy un poco de tiempo para calmarme y recomponerme.

5. Encontrar el humor en lo que está ocurriendo. Después de todo, en unos días esto será sólo una anécdota graciosa.

6. Sobre todo, recuerda que el papeleo, los eventos y las fechas límites no tienen sentimientos, pero las personas sí los tienen. Por lo tanto, yo debo ser amable con los demás cuando las cosas están fuera de mi control.

Yo entiendo que quizás todo esto te parezca gracioso. Pero yo he vivido lo suficiente como para observarme a mí y a muchos otros andar muy bien cuando todo está bien, pero andar muy mal cuando todo marcha mal. Honestamente puedo afirmar que puedo contar con los dedos de una mano las veces que yo he observado personalmente a alguien pasar por una gran crisis sin parecer estar afectado por esa sucesión repentina de eventos. Yo quiero ser una de esas personas. ¿Y tú?

Yo una vez vi a un buen hombre cristiano volverse loco en el tráfico un día mientras conducía y yo lo acompañaba, por el simple hecho de que alguien se le cruzó por delante. (Seguro que ni tú ni yo hemos hecho algo así! Yo sólo quería usar eso como un ejemplo para ilustrar este punto. ¿Pues?).

Esta semana, vigila bien tu comportamiento, tus palabras, y tu actitud. Fíjate si te enojas cuando las cosas no salen como tú esperabas o como lo habías planeado. Implementa algunas de las técnicas que yo he compartido contigo en este consejo y mira cómo las cosas empezarán a mejorar. ¡He observado que estas cosas han funcionado para mí y estoy seguro de que también funcionarán contigo!

Consejo: *Aprende a disfrutar cada día aunque no tengas todo bajo tu control.*

¡Muestra entusiasmo!

Hace poco, yo estaba leyendo un libro escrito en 1949 sobre el tema de las ventas. Quería saber qué tipo de ideas se estaban promoviendo durante ese tiempo acerca de trabajar con otras personas. Debido a que el libro había sido escrito hace más de medio siglo, pensé que quizás me revelaría algo útil. También me preguntaba si esas ideas iban a ser viejas e inútiles. ¡Vaya sorpresa que me esperaba!

El primer capítulo fue titulado: «Cómo una sola idea multiplicó mis ingresos y mi felicidad». La idea principal del primer capítulo era aumentar el entusiasmo. El autor hablaba sobre su experiencia de tomar una clase dirigida por Dale Carnegie. Como parte del curso, él tuvo que dar un discurso ante la clase entera. A mitad de su discurso, Dale Carnegie le interrumpió y le hizo una pregunta simple: «¿Te interesa lo que estás diciendo?»

Su respuesta fue: «Sí, por supuesto».

El Sr. Carnegie le contestó: «Pues, entonces ¿por qué no hablas con un poco más de entusiasmo? ¿Cómo esperas que tu audiencia esté interesada si tú no le agregas un poco de vida y entusiasmo a lo que tú dices?»

Dale Carnegie luego dio una charla emocionante sobre el poder del entusiasmo.[9]

El Sr. Carnegie hizo quedar muy claro esa noche que al actuar entusiasmado, uno se entusiasma.

Para entusiasmarte – actúa con entusiasmo.[10]

El autor luego explicó que ese fue el momento en el cual todas las cosas comenzaron a cambiar en su vida. Siendo vendedor, él descubrió que cuánto más entusiasmo tenía por sus productos, ¡más productos vendía! Él comenzó a darse cuenta que sus clientes podían notar su convicción por medio de su entusiasmo… y ellos en cambio también comenzaron a sentirlo, ¡y a comprar sus productos!

Volví a pensar en cuando yo era estudiante de postgrado hace tantos años atrás, estudiando griego. Aprendimos que la palabra inglesa «enthusiasm», al igual que «entusiasmo» del castellano, viene de dos palabras del griego antiguo: «En» (que significa en) y: «theos» (que significa Dios o el estudio de Dios). Por lo tanto, la palabra «entusiasmo» en realidad significa: «en Dios». Esta es la misma idea detrás del concepto de que fuimos creados a la imagen y semejanza de Dios. El creador dejó sus «huellas» sobre nosotros para que seamos como Él – para pensar, razonar, crear, amar, vivir, ayudar, cuidar y por supuesto, ¡para tener entusiasmo!

A principios de hoy, yo me sentía un poco deprimido (porque toda la excitación de la navidad y el año nuevo ya se había acabado). Sin embargo, yo comencé a actuar entusiasmado con lo que estaba haciendo, y en muy poco tiempo, ¡empecé a sentirme entusiasmado! Esto realmente funciona! ¡Es por eso que estoy tan entusiasmado por compartirlo contigo!

Esta semana, presta más atención a tu forma de actuar. Te asombrará cómo tus sentimientos y actitudes son afectadas por tu comportamiento y tus acciones. Si tú sigues este consejo y le agregas entusiasmo a tu vida al actuar con entusiasmo, ¡seguro que los resultados asombrosos te dejarán muy contento!

Consejo: *¡Muestra entusiasmo!*

No sabes lo que no conoces... pero lo puedes descubrir.

De vez en cuando, tú te encontrarás con una simple historia o una ilustración que te abrirá los ojos hacia una nueva manera de pensar. ¿Alguna vez has oído a una persona decir: «Y de repente, ¡se me encendió la luz!»»? Eso simplemente significa que él o ella ahora entiende algo que antes no podía entender. Bueno, quisiera compartir contigo una historia que ha tenido un gran impacto en mi vida y me ha ayudado a «ver la luz».

El Dr. Scott Peck es un siquiatra y uno de mis autores favoritos. Se han vendido más de cinco millones de copias de su libro, *El camino menos transitado*. En ese libro, el Dr. Peck comparte sus pensamientos sobre estar frustrado con no saber cómo arreglar las cosas mecánicas. Él dice: «A pesar de haber superado la facultad de medicina y haber mantenido a mi familia gracias a mi trabajo como siquiatra y ejecutivo más o menos exitoso, yo me consideraba un idiota con respecto a la mecánica. Estaba convencido de que tenía una deficiencia en algún gen, o que por causa de algún hechizo natural, carecía de una calidad mística con la virtud de otorgar la habilidad mecánica. Un día domingo, con 37 años cumplidos y mientras disfrutaba de una caminata de primavera, me encontré con un vecino arreglando su cortadora de césped. Después de haberle saludado, le comenté: «Debo admitir que te admiro mucho. Yo jamás he sido capaz de arreglar esas cosas o hacer algo así.» Sin desperdiciar ni un instante, mi vecino me respondió: «Eso es porqué tú nunca le dedicas el tiempo necesario». Volví a mi caminata, con un poco de inquietud debido a la simplicidad, espontaneidad y definitividad de su respuesta».[11] El Dr. Peck luego habla sobre el impacto que esas palabras tuvieron en su vida y cómo cambiaron su actitud. Cuando se le presuntó otra oportunidad para arreglar algo mecánico (un freno de mano), ¡él de hecho lo hizo paso a paso y logró arreglarlo!

Siendo siquiatra, el Dr. Peck pudo ver el valor de revaluar su condición mental con respecto a ese concepto falso que él mismo se había permitido creer. Por primera vez, él se dio cuenta de que en realidad sí podía aprender a reparar las cosas. Aunque el consideró que era mejor ahorrar su tiempo y pagarle a otra persona para que lo repare, él ya no creyó esa mentira de que él simplemente no podía ser útil con sus manos. Él de repente se dio cuenta de que con sólo QUERER aprender a hacer algo, toda su actitud con respecto a ese trabajo había cambiado.

No me bastan las palabras para poder decirte el impacto que esa simple historia ha tenido en mi vida. Mi parte preferida es cuando el Dr. Peck dijo: «Yo ahora sé que esto es una elección que yo hago, y que no tengo un hechizo o un defecto genético o ningún otro tipo de discapacidad... yo sé que yo y cualquier otra persona que no sufre de defectos mentales podemos solucionar cualquier problema si sólo estamos dispuestos a tomarnos el tiempo necesario».[12]

Esta historia me ha hecho pensar de nuevo y reestructurar mis metas personales. Ahora creo de todo corazón que puedo mejorar varias áreas de mi vida en las cuales antes me sentía estancado! Lo mismo puede ocurrir en tu vida.

Esta semana, ¿por qué no reconsideras tu vida y algunos de los desafíos que tienes por delante? Toma el tiempo necesario para ver las cosas desde un punto de vista diferente. Conversa con personas más ancianas, más sabias y con más experiencia, que te puedan ofrecer buenos consejos para ayudarte a crecer y aprender las cosas que hasta ahora no has aprendido. Esto en cambio te ayudará a ser la persona que tú realmente quieres ser.

Consejo: *No sabes lo que no conoces... pero lo puedes descubrir.*

A mí me encanta tomar decisiones, ¡pero detesto tomar decisiones estúpidas!

La mayoría de nosotros tomamos muchas decisiones cada día. Parece que mi vida es una serie constante de decisiones que debo tomar, una tras otra. Muchas veces he orado pidiendo la «sabiduría de Salomón» para poder tomar decisiones buenas e inteligentes. Todos hemos escuchado la historia del muchacho joven que le preguntó al hombre mayor cómo hizo para tener tanto éxito:

El hombre mayor le contestó: «Tomando buenas decisiones».

El joven entonces le preguntó: «¿Cómo aprendiste a tomar buenas decisiones?»

El hombre le contestó: «¡Tomando malas decisiones!»

A lo largo de los años, he analizado el proceso de tomar decisiones y he llegado a una conclusión. La mayoría de nosotros somos personas normales y razonables; por lo tanto, deberíamos ser capaces de tomar decisiones bastante buenas. El problema es cuando no tenemos suficiente información para tomar una buena decisión. Por lo tanto, el verdadero problema no es «tomar decisiones», sino «reunir información» para luego poder tomar una decisión inteligente.

Permíteme presentarte un ejemplo. Hace poco, mi nuevo yerno Jordan y yo estábamos conversando sobre el tema de vehículos. Yo le dije a él que quería comprar un vehículo para mi compañía. Él me explicó que estaba buscando un vehículo nuevo para Esther. (Esther es su esposa y mi hija). Jordan tiene una personalidad tipo «*C*» elevada, es un graduado de la universidad Georgia Tech y trabaja para IBM como un analista empresarial principal de la gestión de relaciones con clientes. En otras palabras, él es un tipo muy listo. Él pasó varios días estudiando las opciones de vehículos disponibles y al final concluyó que el mejor vehículo para Esther y para mi compañía era una Chevrolet Tahoe. Después él usó el Internet para encontrar el mejor precio en toda el área metropolitana de Atlanta. Yo me reuní con él una tarde y en unas dos horas, compramos dos Tahoes. Hasta ese momento, la experiencia de comprar un vehículo había sido una de las más dolorosas de mi vida. Resultó sorprendente que esta experiencia comprando vehículos fue tan agradable. Jordan hizo toda la investigación de las opciones. Él reunió toda la información y los datos. Por lo tanto, cuando llegó el momento de hacer la compra, sólo nos tomó un par de horas. Créeme, ¡así lo haré cada vez que compre un vehículo de aquí en adelante!

Como muestra esta historia, la cuestión principal con la mayoría de las decisiones es tener suficiente información y datos para poder tomar decisiones buenas, sabias e inteligentes. Yo aún sigo contento con la decisión, porque tras haberla tomado, seguí explorando otras opciones y descubrí que últimamente optamos por la mejor oferta.

Esta semana, toma las cosas con un poco más de calma y revisa bien tus decisiones. No te concentres tanto en la decisión misma, sino concéntrate en la información y los datos que necesitas para poder tomar una buena decisión.

Yo creo que para muchas personas, el proceso de tomar una decisión depende bastante de «cruzar los dedos y rezar que todo salga bien». No siempre tiene que ser así. Puede ser una experiencia maravillosa si sólo estamos lo suficientemente informados. La información y el conocimiento nos ayudan a tomar las mejores decisiones posibles. Esa sola experiencia con la compra de vehículos me abrió los ojos, permitiéndome ver una manera totalmente diferente de pensar sobre el proceso de tomar decisiones. Yo espero que pueda hacer lo mismo para ti.

Consejo: *A mí me encanta tomar decisiones, ¡pero detesto tomar decisiones estúpidas!*

Haz crecer tu conocimiento y entendimiento de los atributos tipo «*D*».

Por donde quiera que me vaya, después de presentar un discurso, siempre me hacen básicamente la misma pregunta: «Dr. Rohm, ¿me puede dar unos consejos útiles para aprender a interpretar rápida y más eficazmente a las personas?»

Yo por lo general les contesto con algunas pistas básicas, como: «Busca los atributos extrovertidos o introvertidos en las otras personas. Luego, busca los atributos que se concentran en el trabajo o en las personas». Con eso casi siempre basta, sencillamente porque las personas no pueden absorber muchos consejos más al principio.

A lo largo de los años, hemos creado muchas listas y gráficas para ayudar a las personas a leer o interpretar mejor a otras personas. Hace poco, uno de nuestros más destacados asesores, J.J. Brun, director de nuestra división canadiense de Personality Insights, compiló todas estas gráficas en un formato simple. Él también le agregó un poco de sus propios conocimientos, los cuales aprendió al «leer» a las personas de manera profesional para las fuerzas armadas de Canadá.

Durante las próximas cuatro semanas, yo te estaré dando una copia de estos cuatro resúmenes para poder ayudarte a mejorar tu percepción de las personas. ¡Espero que te agraden estos cuatro consejos especiales!

La personalidad tipo «D» es extrovertida y se concentra en el trabajo.

Respuesta hacia la presión – Abrasiva y resistente.
Actitud hacia el trabajo – ¡Hazlo ahora!

1. **Los tonos verbales o vocales del tipo «D»**
    Declara más de lo que pregunta
    Habla más de lo que escucha
    Principalmente verbal, no escrito
    Hace declaraciones fuertes
    Directo y al grano
    Usa tonos fuertes
    Se comunica fácilmente (no tiene miedo de hablar)
    Caracterizado por voz alta y habla rápida
    Usa tonos de voz desafiantes

2. **Los patrones de la conversación o el habla del tipo «D»**
    Limitada... a veces ni un saludo
    Aversión hacia las charlas intrascendentes o la cháchara
    Intenta dirigir la conversación
    No le gusta usar términos «cariñosos»
    Puede convertirse agresiva o defensiva bajo estrés
    Tonos directivos
    Abrupta

Suele interrumpir
Suele hacer otras cosas mientras conversa

3. **El lenguaje corporal externo visible del tipo *«D»***
Apretón de manos firme
Contacto visual fijo (si está interesado)
Gesticulaciones para enfatizar un punto (apuntar con los dedos)
Demuestra impaciencia
Movimientos rápidos
No le agrada el contacto físico casual
Gestos grandes
Se inclina hacia adelante – avanza («insistente»)

4. **Manifestaciones en la oficina/área de trabajo del tipo *«D»***
Calendarios llenos
Horarios y programas apretados
Le gusta la forma rápida de hacer las cosas
Le informa a los demás que el tiempo de ellos es limitado
Observa frecuentemente a su reloj – su mirada cambia de lugar o se fija en otra parte
Hace llamadas telefónicas mientras conversa contigo – mientras tú esperas
Camina rápidamente, quizás sin observar a los que le rodean
Pocas fotos familiares (la mayoría fuera de vista)
Área de trabajo con pocas distracciones «personales»
Escritorio grande
Premios expuestos
Accesorios útiles

Esta semana, presta más atención a las personas que están a tu alrededor y observa sus atributos. Conocer y hacer uso de información sobre los tipos de personalidad te ayudará a poder relacionarte mejor con cada persona en tu mundo personal.

Consejo: *Haz crecer tu conocimiento y entendimiento de los atributos tipo «D».*

Haz crecer tu conocimiento y entendimiento de los atributos tipo «*I*».

Mientras yo me ocupo de mis rutinas diarias, yo he descubierto que es muy útil estar alerto a percibir las pistas que nos ofrecen las personas sobre su estilo de personalidad. Reconocer el estilo de personalidad de una persona me permite relacionarme con esa persona de una manera más efectiva y exitosa. En este consejo, yo te daré información importante que te ayudará a reconocer rápidamente el estilo de personalidad tipo «*I*».

La personalidad tipo «*I*» es extrovertida y se concentra en las personas.

Respuesta hacia la presión – Descuidada e impredecible.
Actitud hacia el trabajo – ¡Hagamos que sea algo divertido!

   1. **Los tonos verbales o vocales del tipo «*I*»**
       Cuenta historias o anécdotas
       Comparte sentimientos personales

Expresa sus opiniones fácilmente
Usa mucha inflexión
Cuando habla, tiene una perspectiva flexible con respecto
al tiempo
Variedad en su calidad vocal
Dramática
Volumen alto
Conversa rápidamente

2. **Los patrones de la conversación o el habla del tipo «*I*»**
Habla y escucha en términos de «sentir»
Se siente incómoda con las personas que usan palabras
sofisticadas de reflexión
Habladora
Tonos variados
Suele distraerse con cosas que ocurren a su alrededor

3. **El lenguaje corporal externo visible del tipo «*I*»**
Expresiones faciales animadas
Mucho movimiento de las manos y el cuerpo
Suele usar el contacto físico
Acciones espontáneas
Las personas suelen gravitar hacia el espacio que ocupan
Energética
Encantadora y tranquila
Amigable
Muchas veces parece estar distraída

4. **Manifestaciones en la oficina/área de trabajo del tipo «*I*»**
La decoración sugiere una atmósfera abierta y vivaz
Puede parecer desorganizada o abarrotada
Notas fijadas en las paredes de forma caótica
Los muebles implican contacto y cordialidad – con un sofá

o una mesa extra para acomodar una conversación
Una área llamativa y a la moda con fotos divertidas
Le agrada hacer las cosas de la forma más divertida

Esta semana, presta más atención a las personas que están a tu alrededor y observa sus atributos. ¡Una comprensión más profunda de cada estilo te permitirá tener una relación más positiva!

Consejo: *Haz crecer tu conocimiento y entendimiento de los atributos tipo «I».*

Haz crecer tu conocimiento y entendimiento de los atributos tipo «S».

El haber aprendido a entender la originalidad de cada uno de los cuatro estilos de personalidad ha enriquecido todas mis relaciones. Yo sé que toda la atención que tú le prestas a aprender información sobre las personalidades te ayudará a ti también a tener mejores relaciones.

La personalidad tipo «S» es introvertida y se concentra en las personas.

Respuesta hacia la presión – Indecisa y titubeante.
Actitud hacia el trabajo – Trabajemos juntos.

1. **Los tonos verbales o vocales del tipo «S»**
   Hace más preguntas que declaraciones
   Escucha más de lo que habla
   Se guarda sus opiniones
   Menos comunicación verbal
   Habla de forma constante y ecuánime

Usa tonos menos forzosos para expresarse
Volumen más bajo
Habla más despacio

2. **Los patrones de la conversación o el habla del tipo «S»**
Un oyente nato – prefiere escuchar
Se concentra en la conversación
Le gusta conversar
Usa tonos amables
Muy amigable

3. **El lenguaje corporal externo visible del tipo «S»**
Se viste de colores tenues
Prefiere estilos convencionales
Opta por vehículos convencionales
Contacto visual intermitente
Gestos suaves (por ejemplo: el apretón de manos)
Demuestra paciencia
Movimientos más lentos
Exude un aura tranquilizante

4. **Manifestaciones en la oficina/área de trabajo del tipo «S»**
Un ambiente relajado y personal
Una atmósfera amable e informal
Método de organización – sistemático y tradicional
Toma decisiones lentamente
Tendrá cosas que muestran relaciones, como fotos de
paisajes o grupos de personas
Fotos familiares y recuerdos personales en plena vista
Cosas personales recibidas como reconocimiento para
trabajo manual voluntario
Le agrada ayudar y apoyar a los demás

Esta semana, presta más atención a las personas que te rodean y observa sus atributos. Al obtener información sobre las personalidades, podrás desarrollar relaciones que son más positivas, productivas y agradables.

Consejo: *Haz crecer tu conocimiento y entendimiento de los atributos tipo «S».*

Haz crecer tu conocimiento y entendimiento de los atributos tipo «C».

La información sobre los estilos de personalidad que yo he cosechado ha sido una de las cosas más útiles que jamás he tenido en mi vida. Me ha permitido convertirme en un comunicador mejor y me ha dado más éxito en cada una de mis relaciones. De hecho, el tipo «C» es el estilo del cual yo menos sabía por naturaleza, y por lo tanto, la comprensión de este estilo ha sido la más importante para mi vida.

La personalidad tipo «C» es introvertida y se concentra en el trabajo.

Respuesta hacia la presión – Pesimista y meticulosa.
Actitud hacia el trabajo – Hazlo bien.

1. **Los tonos verbales o vocales del tipo «C»**
    Se concentra en el trabajo y los hechos
    Comparte poco
    Usa un tono formal y correcto

Poca inflexión

Menos variedad de calidad vocal

Menos comunicación verbal, más comunicación escrita

No usa apodos, usa su nombre

Habla con patrones cuidadosas y bien estructuradas

2. **Los patrones de la conversación o el habla del tipo «C»**

Hace preguntas pertinentes en vez de hacer declaraciones

Habla meticulosamente con poca expresión

Reluctante para revelar sentimientos personales

Usa palabras de reflexión en lugar de palabras que expresen sentimientos

Prefiere a la gente que evita el contacto físico

Prefiere mantener su distancia... el escritorio te separa a ti de él o ella

Se expresa de manera tentativa

Prefiere que el lenguaje sea exacto y preciso

Volverá a comprobar temas o cosas que hayan sido mencionadas

Los silencios indican que está procesando información

Busca clarificar – hará muchas preguntas... prefiere más información

Monótono

Se expresa de forma lógica y sin emoción

3. **El lenguaje corporal externo visible del tipo «C»**

Usa ropa conservativa con accesorios que combinan

Aseo personal perfecto

Demuestra poca emoción

Pocas expresiones faciales

Pocas gesticulaciones – gestos controlados

Movimientos más lentos

Parece estar evaluando todo

Se aferra a su posición en momentos difíciles si puede respaldarse con los hechos concretos

4. **Manifestaciones en la oficina/área de trabajo del tipo «C»**
   Un ambiente formal y pulcro
   Un escritorio bien estructurado y muy organizado
   Estéticamente agradable
   Gráficas, credenciales y fotos del trabajo
   Fotos cuidadosamente ubicadas en las paredes o en estantes
   Prefiere una decoración que permite trabajar con más efectividad
   La mayoría de las cosas están fácilmente accesibles
   Usa tecnología de punta para mejorar la eficiencia
   Usa listas
   Prefiere la excelencia y la calidad consistentes
   Toma decisiones cuidadosamente

Esta semana, presta más atención a las personas que te rodean y observa sus atributos. Te animo a que continúes buscando más comprensión de los estilos de personalidad. Aprender más información sobre las personalidades te permitirá crear y mantener mejores relaciones con todas las personas en tu vida.

Consejo: *Haz crecer tu conocimiento y entendimiento de los atributos tipo «C».*

¡No te rindas y sigue adelante!

Hace mucho tiempo, yo oí una historia muy interesante. Esa historia me ha dado una nueva manera de ver las situaciones que son «difíciles de entender». Me gustaría compartirla contigo.

Hubo una vez un hombre que deseaba contratar un muchacho adolescente para trabajar en su taller. Llegó la primera persona buscando trabajo, y el hombre le mostró dos barriles. Un barril estaba lleno de clavos y el otro estaba vacío. El dueño del taller le dijo al muchacho que su trabajo era transferir todos los clavos del primer barril hacia el otro. Sorprendido, el joven miró al hombre, pensando cuál sería el propósito de ese trabajo. Sin embargo, se puso a trabajar. Después de unos diez o quince minutos, se cansó. El muchacho pensó que era un trabajo estúpido y se marchó.

El día siguiente, llegó el segundo aspirante y él recibió la misma tarea. Él trabajo por un rato, pero una vez más, después de un período de tiempo, él también pensó que ese trabajo era una gran pérdida de tiempo. Él entendió que tenía mejores cosas que hacer en su vida que transferir clavos de un barril a otro.

El día siguiente, llegó otro muchacho más y solicitó ese trabajo.

El dueño del negocio le asignó la misma tarea. El muchacho no perdió tiempo y se puso a mover los clavos desde un barril a otro. Trabajó con diligencia. Tal fue su esfuerzo que comenzó a transpirar. Después de un rato, se le hizo difícil recoger los clavos en el fondo del barril. Por fin terminó de transferir los clavos en el fondo del barril y para su sorpresa, encontró un billete de veinte dólares. El joven recogió ese billete de veinte dólares y se lo trajo al dueño del taller, diciéndole: «Señor, acabo de encontrar este billete de veinte dólares en el fondo del barril. A alguien se le debe de haber caído ahí sin querer».

El dueño sonrió y le dijo: «No, yo lo puse ahí, porque ahora he encontrado a quién quiero contratar. Tú eres no sólo un buen trabajador, sino que también eres honesto. El trabajo es tuyo. Y es más, ¡esos veinte dólares también son tuyos!»

Yo nunca me he olvidado de esa historia, porque nos enseña una verdad importante que la mayoría de nosotros no estamos dispuestos a aceptar. A veces debemos pasar por una jornada difícil para poder encontrar los veinte dólares en el fondo del barril. El proceso quizás no tenga ningún sentido, pero eso no tiene nada que ver. Nadie ha prometido que la vida siempre iba a ser fácil o que siempre tendría sentido. Nadie ha prometido que la vida iba a ser equitativa. No siempre podemos controlar las situaciones, pero sí podemos controlar la manera que trabajamos o respondemos cuando estamos ante una situación específica.

Esta semana, déjame animarte a que no intentes entender todo lo que está ocurriendo, sino a que idees qué puedes hacer para mejorar la situación. Te prometo que esto será el gran cambio que necesitas en tu actitud y la manera que trabajas.

Consejo: *¡No te rindas y sigue adelante!*

Notas finales

1. Cita de Rubén González y «El credo del campeón» usados con permiso de Rubén González – atleta Olímpico, orador profesional y autor de El coraje de triunfar. www.TheLugeMan.com

2. Cita del discurso del presidente Kennedy ante el parlamento irlandés, 28 Junio 1963. Un agradecimiento especial a la Kennedy Library por la información citada.

3. Cita de Helen Keller usada con permiso.

4. Cita de Gutzon Borglum e información sobre Monte Rushmore usada con permiso de la oficina de interpretación a cargo del Monte Rushmore.

5. «Los mandamientos paradójicos», © Copyright Kent M. Keith 1968, 2001. «Los mandamientos paradójicos» usado con permiso de Kent M. Keith.

6. Cita de Charlie Tremendous Jones usada con permiso.

7. Cita de Truett Cathy usada con permiso.

8. Cita de Ted Koppel usada con permiso.

9. Cita de Frank Bettger y «How I Raised Myself From Failure To Success In Selling», © Copyright Prentice Hall, Inc. 1949; copyright renovado por Frank Bettger © 1977. Usado con permiso de Simon & Schuster Adult Publishing Group.

10. Ibíd., 15.

11. Cita de M. Scott Peck, M.D. y «The Road Less Traveled», © Copyright M. Scott Peck 1978. Usado con permiso de Simon & Schuster Adult Publishing Group.

12. Ibíd., 28.

Acerca del Autor

Robert Rohm es un comunicador de clase mundial que entretiene mientras explica los componentes cruciales de las relaciones y el desarrollo personal. El Dr. Rohm ha impactado profundamente las vidas de millones de personas alrededor del mundo a través de sus presentaciones y con sus libros y cintas.

Por casi 30 años, las personas han escuchado, se han reído y han aprendido del Dr. Rohm mientras él se entrega a sus presentaciones llenas de información y energía. Él guía a las personas hacia los principios que necesitan para mejorar sus habilidades de liderazgo y comunicación. Él también inspira a otros a tener un mayor crecimiento y desarrollo personal a través de sus palabras y sus recursos.

El Dr. Rohm tiene cinco títulos incluyendo su doctorado en Administración de Educación Avanzada y Asesoramiento de la Universidad de North Texas. El Dr. Rohm también es autor o coautor de varios libros, incluyendo DESCUBRA SU VERDADERA PERSONALIDAD, WHO DO YOU THINK YOU ARE ANYWAY?, YOU'VE GOT STYLE, DIFFERENT CHILDREN DIFFERENT NEEDS, TALES OUT OF SCHOOL, GET REAL!, ALL ABOUT BOTS!, ALL ABOUT YOU!, A+ IDEAS FOR EVERY STUDENT'S SUCCESS, A TIP IN THE RIGHT DIRECTION VOLUME I y II y III y PRAYING FOR YOUR CHILD ACCORDING TO HIS OR HER PERSONALITY STYLE.